人類的
明日之戰

當臉書、谷歌和亞馬遜無所不在，
科技和大數據如何支配
我們的生活、殺害民主

THE
PEOPLE
vs
TECH

How the internet is killing democracy
(and how we save it)

Jamie Bartlett

傑米・巴特利特———著　林曉欽———譯

Contents ｜目錄

One ｜第一章
新圓形監獄……015

我們活在充滿廣告宣傳的巨大圓形監獄，讓我們對各種儀器上癮。在控制人類的漫長歷史中，這座蒐集數據和進行預測的系統，只不過是最新一次的捲土重來；其技術與日俱增，產生更嚴重的延伸影響，例如潛在的操弄、無盡的誤導，以及緩慢消除人類的自由選擇和自主。

無所不知的大數據／大數據：新的權力來源／我們活在被監控的世界／科技操弄人心的權力／我們還擁有「自由」嗎？

Two ｜第二章
疏離的地球村……043

資訊超載和聯繫，已經助長情感的部族政治產生分裂，團體的忠誠和憤怒超越了理性和妥協。雖然，黨派是政治的必須，但過度結黨

會產生危險。政治領導人正在進化，適應新的資訊媒介——因此，民粹主義者崛起，承諾提供滿足情感需求的、立竿見影的，並且解決所有問題的答案。但是，失去方向且內心混亂的公民組成彼此交戰的部族，乃是極權主義的前兆。

大群聚：同溫層的雙面刃／「系統一」政治系統加速崛起／現代部族政治的問題／狂人川普：新生代民粹主義之星

唐納・川普在 2016 年總統大選的數位選戰顯示，大數據和精確目標鎖定確實能夠贏得選票。這種數位技術的持續進步，可以改變我們選出的政治人物類型和風格——更重要的是，這種現象代表富裕團體得到更多權力，用我們無法理解的方式，影響選舉。

阿拉莫計畫：讓川普當選／跟隨英國脫歐的成功模式／未來政治的前進方向／資訊戰爭／改變選舉史的關鍵一夜

科幻小說迅速成為科學事實，就像人工智能的迅速成長已經開始影響我們的經濟生活。然而，與其思慮「人類失去工作的未來」，我們更應該擔憂與日俱增的不平等，以及即將到來的科學革命是否會抹滅中產階級且威脅民主。

沒有工作機會的世界？／你的工作，十年後還存在嗎？／數位經濟造成的不平等／矽谷人的樂觀主張：全民基本收入

各種觀念彼此爭鳴，探討科技可能如何改變社會。我們想像科技時代激發自由，但真正可能發生的結果，其實完全相反：更多人將支持威權觀念和威權政治領袖，希望重拾社會控制和秩序。在守護民主的偽裝中，民主可能緩慢遭到摧毀嗎？

經濟與社會的不平等／反烏托邦，走向科技極權主義？／矽谷的末日準備者

當科技全面駭入，誰將主宰我們的經濟、政治與生活？

民主——更重要的是，所有人——想要在智慧型裝置、大數據和數位公共領域無所不在的年代中生存，都要改變。

　　在未來的數年之內，科技將摧毀我們認識的民主政治和社會秩序，或者政治權威會粉碎數位世界。局勢已經趨於明朗，科技在這場戰役中，逐漸取得優勢，徹底打倒已經萎縮衰弱的對手。這本書的主題就是探討這個現象為何發生，而我們如何扭轉乾坤。

　　本書所說的「科技」，當然不是指**所有的**科技。就像民主（democracy）這個詞，科技（technology）也結合兩個希臘字——*techne*意指「技術」，*logos* 則為「研究」——因此，科技的意義，實際上涵蓋了現代世界的萬物。然而，在

本書我也不是要探討車床、動力紡織機、汽車、核磁共振造影掃描儀或 F-16 戰鬥噴射機。我特別專注在與矽谷有關的數位科技，例如，社群網路平臺、大數據、行動通訊科技，以及人工智慧，它們逐漸主宰人類的經濟、政治和社會生活。

　　整體而言，上述的科技確實讓我們的資訊更發達、生活更富裕，從某些層面來說，也更快樂。畢竟，科技能夠擴展人的能力，創造新的機會，並且提昇生產力。然而，這不代表科技必然有助於民主政治。科技進步和更多個人自由的益處毋庸置疑，為了交換，我們已經讓太多支持政治系統運作的基礎元素遭到破壞：控制、議會主權、經濟平等、公民社會，以及資訊充足的公民，而科技的革命方興未艾。我也會說明，人類將在未來數年見證數位科技更為激烈的進步。以現有的發展軌跡，在一個世代或兩個世代之內，民主和科技之間的矛盾衝突，將會導致兩敗俱傷。

　　民主是一種詭異的觀念，幾乎人人宣稱自己珍惜民主價值，民主的準確意義卻莫衷一是。哲學家伯納德‧克里克（Bernard Crick）曾說，民主的真實意義「藏在天堂的某處」。廣義而言，民主是一種關乎我們如何自治的原則，也

是一組讓人民創造主權的體制。民主的實際運作方式因為時空環境而有所變化，但最有效且受歡迎的民主版本，毫無疑問地就是**現代自由代議民主**（modern liberal representative democracy）。從此處開始，只要我使用「民主」一詞，就是指涉上述定義（而且限於成熟的西方民主──超越這個定義範圍的討論，則是完全不同的主題）。這種民主形式通常由人民選出代議士，代議士代表人民進行決策，並且創造一組環環相扣的體制機關，讓民主制度順利運行。具體的措施包括定期選舉、健全的公民社會、特定的個人權利、組織良好的政黨、效率卓越的官僚體系，以及自由警覺的媒體。但是，光有上述元素，可能還不夠──民主需要堅定的公民，他們相信更寬闊的民主理想，包括權力分配、權利、妥協以及資訊充分的辯論。每個穩定的現代民主體系，幾乎都有上述所有特質。

　　這本書的目標不是用長篇大論抱怨貪婪的資本家假扮為酷炫的科技創新家，也不是暢談橫跨多個國家的道德傳說。多年以來，民主政體已經目睹太多上述的主題。減稅以及宣稱要讓人民獲得權力之間雖有明確的矛盾，但想要同時實現兩個目標，不必然是偽善之舉。乍看之下，科技確實是民主得到的恩惠，改善且拓展人類自由的領域，讓我們能夠取得

更新的資訊和觀念。過去無人聞問的社會團體也因此得到發聲的平臺，創造新的方法，匯集眾人的知識並且協調行動。以上都是健康民主社會的各種層次。

　　然而，在最深處，兩個巨大的系統——科技和民主——卻鎖在激烈的衝突中。它們是完全不同年代的產物，依循不同的規範和原則。民主機制建立於民族國家、社會階層、服從與工業經濟制度的時代。數位科技的基礎特質無法相容於民主國家模型，因為數位科技強調跨越地緣、去中心、數據導向，並且受到網絡效應與指數成長的影響。簡單來說，民主並非為了數位科技而生。這不是任何人的缺失，即使是馬克・祖克伯（Mark Zuckerberg）也沒有錯。

　　順帶一提，我的想法並不孤單。許多早期的數位科技先鋒，已經發現他們所謂的「網路空間」（cyberspace）無法相容於現實世界。約翰・佩里・巴洛（John Perry Barlow）在 1966 年發表的《網路空間獨立宣言》（*Declaration of the Independence of Cyberspace*）中，有一句話經常為人引用，能夠簡述這種緊張關係：「政府的正當權力，來自被統治者的同意，但你們無法誘惑或得到我們的同意。我們並未邀請你們，你們不了解我們，更不明白我們的世界……你們對於財產、言論、身分、行動和歷史背景脈絡建立的種種法律觀

念，無法適用於我們的世界。因為你們的法律概念奠基於物質，而網路空間沒有物質。」這是一份激昂的宣言，暢談網路世界提供的自由，依然深刻影響許多數位狂熱者。但是，除了財產、言論、身分和行動的法律概念之外，民主政治的基礎**就是**物質。倘若剝開矽谷數位產業對人與人之間的相互聯繫、網絡和全球社群的集體尊崇，你將發現一種長久存在的反民主動力。

我將在以下的篇幅提出六種讓民主成功的重要支柱，不只是抽象的觀念，也是人民相信、支持，並且能夠順利運作的集體自治系統。這些支柱包括：

- **積極的公民**：保持警覺且獨立思考的公民，能夠做出重要的道德判斷。
- **共同分享的文化**：　種民主文化，仰賴對於現實的共同同意、共同分享的身分認同，以及妥協的精神。
- **自由選舉**：自由、公平且受信任的選舉。
- **參與者的平等**：維持可管理的平等，包括大量中產階級。
- **競爭和公民自由**：競爭的經濟體系以及獨立的公民社會。
- **信任權威**：可以執行人民意志的主權權威，持續受到信任並且負責。

　　我將在每一章檢閱其中一個支柱，解釋它們為什麼以及如何遭受威脅。特定的支柱已經四面楚歌，我將更進一步地說明其他支柱很快就會陷入同樣的困境。民主受到各方面的攻擊，例如智慧型裝置的興起，限制了我們的道德判斷能力，部族政治的重現，以及超高效率的機器人取代必須休息的人工勞力，導致大規模的失業。有些威脅相當耳熟能詳，例如憤怒的政治觀、失業或公民冷感，雖然未有新的特質，卻變化為新的形式。其他的威脅則是完全的新問題：智慧型裝置可能取代人類生活的決策地位，用我們尚未完全理解的方法，改變政治決策。看不見的演算法正在創造全新且難以察覺的權力起源和不義。世界的連結愈來愈緊密，少數的惡劣行動者也可以更輕易地造成巨大的損傷，通常超越法律能夠觸及的範圍。我們依然不明白如何處理這些問題。

　　在最後一章，我將探討如果沿著現有軌跡，未來的開展會變得如何。我們不會見證 1930 年代的重現，雖然這是每個人最喜歡使用的類比。相反的，我相信民主會產生前所未有的新挫敗。我們必須恐懼潛伏的反烏托邦理想，一種由智慧型裝置運作的空殼民主，也是全新的菁英主義政體，表面上追求「進步」，實際上是科技官僚的權威統治。最可怕的一環，則是許多人情願選擇這種政治，因為，比起現在的政

治，它或許可以提供更繁榮安全的生活。

　　但是，現在還不到砸毀智慧型裝置的時候。其中一個原因是，支持民主社會的科技力量，以及反對民主的俄羅斯和中國科技力量，正在進行一場科技大戰，民主派必須獲得這場勝利。只要受到民主的妥善控制，科技革命能夠讓我們的社會產生無可限量的正面改變。然而，科技和民主都需要進行徹底的轉變。在本書的結論，我提出二十項建議，民主──更重要的是，所有人──想要在智慧型裝置、大數據和數位公共領域無所不在的年代中生存，都要改變。

　　讀到此處，你可能覺得我只是一個偽君子，我在筆記型電腦上寫這本書，用谷歌搜尋研究資料，在推特上發布出版日期，希望在亞馬遜書店上熱賣。你說的沒錯！我和大家一樣，仰賴、熱愛业且同時憎恨自己書寫的所有科技。事實上，在過去十年間，我曾經任職於科技界和政治界的最前線，也就是英國首屈一指的智庫中心迪蒙斯（Demos）。2008 年起，我在迪蒙斯負責撰寫傳單文案，討論數位科技如何在絕望疲倦的政治系統中注入新的生命。多年來，我的樂觀主義趨於現實觀點，最後演變為緊張，現在更是產生輕微的惶恐。我依然相信科技可以成為政治世界的良善力

量──許多大型的科技公司也懷抱同樣的希望──但是，現在是我第一次真正害怕政府體系的未來遠景會實現溫斯頓・邱吉爾的名言：「除了人類已經嘗試的各種政體之外，最可怕的一種。」

偉大的科技先鋒當然不會同意我的憂慮，因為他們如此堅定地相信彷彿陽光亮麗的科技烏托邦，以及他們能夠率領人類實現理想的能力。我有幸訪問其中幾人，也花時間深入矽谷或與居住在數位世界的人相處。根據我的經驗，他們不邪惡，大多相信數位科技的解放權力。他們創造的許多科技非常美好，也因此具備潛在的危險。就像十八世紀的法國革命家，他們相信自己能夠基於「平等」等抽象原則，建立一座新世界，而現代的烏托邦主義者忙於想像一座要求人際連結、網絡、平臺和數據的社會。民主（和全世界）的運作方式則並非如此──它們非常緩慢、謹慎，而且根植於實體世界。民主屬於類比世界，而非數位空間。未來的任何想像，倘若違反人類的生活現實和願望，最後只會導致災難。

第一章

one

新圓形監獄
The New Panopticon

數據的力量對我們的自由意志
產生何種影響

(i)

　　我們活在充滿廣告宣傳的巨大圓形監獄，讓我們對各種儀器上癮。在控制人類的漫長歷史中，這座蒐集數據和進行預測的系統，只不過是最新一次的捲土重來；其技術與日俱增，產生更嚴重的延伸影響，例如潛在的操弄、無盡的誤導，以及緩慢消除人類的自由選擇和自主。

　　奠基神話（founding myth）是產業發展的重要因子。奠基神話建構企業的自我認知，也反應他們希望其他人如何看待他們。社群媒體的奠基神話認為，他們是「駭客文化」的繼承者——臉書總部的地址是駭客路一號——連結臉書與舊規破壞者，例如 1980 年代的電話飛客（phreaker）凱文・米特尼克（Kevin Mitnick）、待在「家庭釀造電腦俱樂部」（Homebrew Club）並且討厭官僚主義的電腦愛好者，或追溯至艾倫・圖寧（Alan Turing）或艾達・勒芙蕾絲（Ada Lovelace）等數學天才。但是，谷歌、Snapchat、推特、Instagram、臉書和其他社群媒體早已不是單純的科技公司。他們也是廣告公司的平臺。臉書和谷歌約有 90% 的收益來自販售廣告——社群媒體的商業基礎，幾乎全是提供免費服務，換取使用者數據，社群媒體公司能夠利用這些數據，進行廣告目標定位。❶

---

❶ 2017 年，谷歌的總營收為 1,100 億美元，其中 950 億美元來自廣告，臉書、推特和 Snapchat 的廣告營收比例也相當相近。某種程度而言，我們使用這些社群媒體，代表我們同意交換：我的個人數據換取你的免費服務。於是，你讓其他人可以監視你，而他們讓免費使用美好的服務。然而，這種交換其實圖利偏向其中一方。幾乎沒有人會仔細閱讀他們審核的使用者條款，因為條款的篇幅漫長，只有具備軟體設計背景的契約律師能夠理解內容，而這些人一周只有一天的空閒時間，根本無暇仔細閱讀。數年前，一間英國企業甚至在條款中加入「現在和未來，安撫你的不朽靈魂」，但沒有人發現。

　　社群媒體和廣告之間的關係，使人想起非常不同且更沒有魅力的系譜：穿著西裝的廣告從業人員和心理學家歷經數十年的漫長努力，想要找到人類決策的神祕機制，定位藏在大腦前額葉某處的「購買」按鈕。另外一種更有說服力的奠基故事則是美國心理學發展的早期年代，在一個世紀以前，與大眾消費文化研究並行，以嚴肅的學術研究之姿浮現。當時，心理學已在歐洲──特別是德國──發展數年，並且在第一次世界大戰之前引入美國。但美國版本的心理學和歐洲分歧了。歐洲的心理學醉心於哲學的奇異觀念，例如「自由意志」和「心智」。另一方面，諸如詹姆斯・卡特爾（James Cattell）和哈洛・蓋爾（Harlow Gale）等先驅者則讓美國的心理學專注於另外一個問題：如何用堅實的科學理解人類的決策過程，並且應用至商業領域。[1]

　　1915 年，約翰・華生（John Watson）成為美國心理學會的主席。他主張，所有的人類行為在本質上，都是可測量外部行為的結果，因此，可以藉由研究和實驗進行理解和控制。這種方法成為我們熟知的「行為主義」（behaviorism），並且因為史金納（B.F. Skinner）的作品而大受歡迎。人類行為可塑性的前景，就像貓薄荷一樣，刺激希望販售產品的公司，而行為主義在企業世界中，宛如病毒

蔓延。在某幾年，受到華生和其他學者的激勵，商業世界認為自己擁有如同神祇的力量，可以控制人類的欲望、希望、恐懼，當然，也包括購物行為。在 1920 年代，行為主義的流行消退，原因是市場調查統計的翩然來臨（和行為主義不同，市場調查統計需要實際詢問消費者問題）。但是，行為主義和市場調查一起標示更科學的廣告途徑，也從此伴隨人類的生活。

倘若約翰・華生仍然在世，谷歌、亞馬遜或臉書可能會聘請他擔任「首席推手」。社群媒體平臺是行為主義的最新力作，希望以科學方式觀察人類心智，達成社會管理的夢想，其方法為完整的資訊循環：讓人測試產品、獲得回應，並且重新設計原型。換句話說，這就是哈拉瑞（Yuval Noah Harari）提出的「數據主義」（dataism）：數學法則能夠應用至人類和機器。「只要有足夠的數據，就能夠理解並且影響人類的心智」可能是主宰現代矽谷的哲學觀念。在一篇寫於2008年且經常受到引用的論文中，《連線》（Wired）雜誌的總編輯克里斯・安德森（Chris Anderson）讚譽「理論的終結」。我們已經不需要科學理論了，他說，因為現在有大數據。「放下所有的人類行為理論……誰知道為什麼人會做出各種行為？重點是他們做了，我們可以用前所未有的精

準程度，追蹤並且衡量他們的行為。」谷歌的工程師不必思忖和提出理論，假設人為什麼瀏覽這個網頁，而不是另一個網頁——他們只是嘗試各種方法，找出何者有效。

在所有啟發人心的知名科技公司深處，他們付錢聘請世上最聰明的人，想要理解你為什麼用滑鼠點閱某個事物，並且讓你點閱更多事物。雖然，臉書成功的祕密就是人類的普遍習性（人類是喜歡觀看且模仿彼此的生物，臉書則是有史以來最成功的系統發明，允許我們觀看與被觀看），但他們也使用了一切可以想像的方法讓你著迷。沒有絲毫僥倖偶然的成分，即使最細微的改善都能創造財富。科技公司使用數百萬名使用者，進行數千次測試——修改背景、顏色、圖片、音調、字型和聲音檔案——全部都是為了增加使用者數量和使用者的點擊次數。[2] 臉書的首頁設計非常謹慎，充滿各種可見的數字——讚、朋友、貼文、互動，以及新的訊息（永遠都是用緊急的紅色！）。自動播放功能、自動載入瀏覽、倒序時間軸（新的貼文在上）都是刻意的設計，為了讓你保持使用專注。[3]

他們的方法絕對有效。我們當中有許多人現在已經是殭屍大軍的成員，走路時低頭看著手機，與遠方沒有實體的網路身分聊天，而不是和坐在隔壁的人交談。我和許多人一

樣，認為自己只是見證了這些時代變遷，而不是實際的參與者。去年，我下載了 RealizD 應用程式，可以計算我使用手機的頻率和時間長度。

11 月 27 日，星期一，使用 103 次，5 小時 40 分鐘
11 月 28 日，星期二，使用 90 次，4 小時 29 分鐘
11 月 29 日，星期三，使用 63 次，6 小時 1 分鐘
11 月 30 日，星期四，使用 58 次，3 小時 42 分鐘
12 月 01 日，星期五，使用 71 次，4 小時 12 分鐘

根據上述結果，我每天平均使用手機 77 次，扣除睡眠時間，代表大約 12 分鐘就會使用 1 次手機，但我並不孤單。亞當·奧特（Adam Alter）認為，酒精成癮和菸癮，已經被數位成癮取代。數位成癮是一種流行現象，我們經常檢查、使用、滑動和點閱手機螢幕。[4] 相當大量的民眾表示自己網路成隱，仰賴手機而活。[5] 有些學術研究甚至認為，年輕人減少服用毒品和酒精，可能是因為他們藉由手機的各種提示音效而產生多巴胺（dopamine）。❷「2004 年，臉書很有趣。」奧特寫道：「到了 2016 年，臉書使人上癮。」[6] 這種現象絕非偶然。歡迎各位讀者來到注意力經濟學。

　　我大約 12 分鐘就會查看手機一次的原因，是持續但不穩定的網路回應。研究指出，預期獲得資訊和人類大腦的多巴胺獎勵系統有深刻的關係，如果獲得獎勵的頻率達到最大變動程度，人也會發展最大程度的成癮。[7]而這種關聯也應用於手機設計，經由「推撥通知」，發出細微的嗶嗶聲和訊息，讓你知道訊息已經進入手機。相似的道理，2010 年出現的「點讚」按鈕也來自同樣有歷史的研究子領域——沒錯，這種研究確實存在——也就是「喜好研究」（Liking Studies），早已證明「喜好」是最有潛力的廣告特質。[8]（顯然的，臉書一開始規劃的按鈕名稱是「太棒了」（awesome）。）[9]西恩・帕克（Sean Parker），臉書的第一任副總裁，最近指出「讚」的按鈕是「社會認可的回饋循環……就是我這種駭客會提出的想法，因為你正在利用人類心理的脆弱。」他表示，他、馬克・祖克伯和其他人都明

❷ 這種現象的常見詮釋認為，手機發出的各種提示音效，讓人的大腦取得造成上癮的多巴胺——也就是創造歡愉感受的化學反應。真相往往讓我們看見事物險惡的一面。大腦的多巴胺迴路似乎可以預測我們享受的程度，如果這個大腦迴路受到阻撓，我們就會承受多巴胺不足的痛苦。所以，我們保持原本的行為，希望刺激多巴胺分泌。我們之所以迫不及待想要其他人回應自己的貼文，就是預期多巴胺的分泌刺激。讀者或許已經能夠從自己的經驗得知，現實並非如此美好，因為我們從此陷入尋找多巴胺刺激的無盡循環。

白。「我們也確實利用了。」[10]

無所不知的大數據

　　社群媒體巨擘的聖杯，正如所有廣告人的聖杯，就是比你更理解你自己。預測你即將從事的行為、即將說的話，甚至即將產生的想法。臉書不是純粹為了樂趣而蒐集你的數據；臉書的目標是理解你的心思。這間公司仰賴你在臉書上花費的無限時間，他們對你的理解，足以裝訂成冊──興趣、年紀、朋友、職業、各種活動與其他數據。不只如此，臉書和極有權力的「數據掮客」合作，例如安客誠（Acxiom），這間公司擁有全球將近 5 億名活躍消費者資訊，每位消費者提供 1,500 個數據點，例如年紀、種族、性別、體重、身高、婚姻狀況、教育程度、政治立場、購買習慣、健康疑慮和假日行程，而這些數據通常來自其他商店和相關紀錄。[11]使用上述資訊，經過交叉比對和分析，各間公司能夠更精準向你提供廣告。

　　更驚人的是，數據蒐集的狂熱方興未艾。到了 2020 年，全球將有近 500 億能夠使用網路的裝置──筆者寫書時的四倍──所有裝置都能蒐集數據，包括汽車、冰箱、衣物、路

標和書籍。你的寶貝女兒正在玩洋娃娃，這就是數據點！你的伴侶在茶中加糖，這也是數據點！在巨大且貪得無厭的怪物面前，我們無所遁形。谷歌已經開始將街景車深入各個店家、辦公室和博物館，無論你想去何方，它都可以創造充滿細節的周圍環境 3D 模型。智慧型住宅希望知道你喜歡的溫度，你的盥洗時間，你的烹飪習慣，還有你的睡眠長度。在無止盡的數據主義中，你的一切都會蒐集為數據，與其他事物分析比對。

時至今日，數據主義的成果已經遠遠超過人力分析，也是演算法成為現代經濟核心的主因。演算法是單純的數學技術，讓電腦執行單一指令的指示。但這只是技術描述，事實上，演算法是通往王國的魔法鑰匙，能夠過濾、預測、建立聯繫、精準找出目標和學習。演算法決定一切，從亞馬遜推薦購買清單、臉書新聞，乃至於谷歌搜尋的結果，早已指引你的生活，包括你的約會網站配對結果、上班路線、聆聽的音樂、閱覽的新聞網站，以及服裝。

現代大數據演算法的可怕之處，在於它知道連我們都不了解的自己。一般而言，人類相當容易預測，只要有足夠的數據——即使是瑣碎或沒有意義的數據碎片，例如你播放的歌曲——演算法都能夠理解重要關鍵，知道你是何種人。

在 2011 年時，劍橋大學的心理學家麥可·柯辛斯基博士（Dr. Michal Kosinski）發展一種線上調查方法，可以測量受試者的人格特質。數十年來，心理學家已經嘗試各種技術，希望藉由問卷理解一個人的個性。❸柯辛斯基想要知道，如果不必仰賴問卷調查，線上數據是否能夠測量一個人的重要性格：或許，我們可以單純分析使用者在臉書上點讚的事物，創造他的心理剖繪。因此，柯辛斯基和他的團隊成員創造幾種人格測驗，張貼於臉書，邀請其他人接受測驗。他們的測驗立刻風傳──畢竟，我們活在自戀的年代──數百萬人參與測驗。藉由交互比對受試者的答案和他們的臉書按讚，他發現了兩者的關聯，藉此創造演算法，只要分析按讚，即使百萬名使用者並未參與測驗，也能得到詳細的細節資訊。2013 年，他出版研究結果[12]，顯示最容易取得的數位行為紀錄，可以迅速且準確用於預測一個人的性傾向、族群、宗教和政治立場、個人特質、智商、幸福程度、物質成癮、父母離異、年紀和性別。❹

---

❸ 最常見的測量方法俗稱「大五性格測驗」（the Big Five），測量人在五種性格領域的位置（開放、責任、外向、親和與神經質，也用五種特質的英文開頭字母縮寫為 OCEAN 測驗），其基礎是讓受試者回答各類型的標準問題，例如「你的條理程度或無章法程度」。

　　2017 年，我前往史丹佛大學拜訪麥可・柯辛斯基，他目前依然在此工作。許多人認為，史丹佛是屬於矽谷的大學——史丹佛大學在矽谷附近，思科、谷歌、惠普和雅虎的創辦人都畢業於史丹佛大學。麥可的外表看起來實在太年輕，不像大學教授，他帶我進入商學院研究所的辦公室（他任教的系所當然是商學院），同意示範該系統的運作方式。我在他的演算法中，輸入大約 200 個臉書的按讚喜歡，包括影集《黑道家族》（*The Sopranos*）、歌手凱特・布希（Kate Bush）、電影《魔鬼終結者 2》（*Terminator 2*）、《旁觀者》（*The Spectator*）雜誌等等。演算法立刻進入全世界，分析其他使用者是否對類似或略有不同的事物組合按讚。螢幕上的小輪子轉動幾秒之後，演算法施展魔力，結果立刻跳出：心胸開放、自由立場、喜歡藝術而且**相當**有智慧。這顯然是相當準確的系統，我向麥可驚嘆。更詭異的是，演算法認為我沒有宗教信仰，倘若有，我將是天主教徒。我不能用更好的方式描述自己——五歲到十八歲之間，我就讀天主教義務教育學校，雖然我喜歡宗教，但不上教

---

❹ 沒有證據顯示臉書直接使用本段描述的技術（雖然，根據 2017 年 5 月《衛報》報導，臉書的澳洲團隊告訴廣告商，他們可以偵測青少年壓力大、不安、沮喪或焦慮。不過，臉書宣稱「他們並不會根據用戶的情緒狀態提供相應的推薦」。）[13]

堂。同樣的，演算法預測我是新聞工作人員，我對歷史有強烈興趣。大學期間，我就讀歷史學系，也攻讀歷史研究法碩士學位。

　　所有的演算結果都來自於臉書點讚，與我的背景或成長歷史沒有任何關係。「這就是許多人無法理解預測結果的其中一個特色。」麥可告訴我：「顯然的，如果你在臉書上點讚喜歡女神卡卡，我可以知道你喜歡女神卡卡……但演算法真正能夠改變世界的特點，在於它們可以分析你的音樂品味或書籍喜好，從看似純真的資訊，準確萃取預測你的宗教信仰、領導潛能、政治立場、個性和其他資訊。」我將會在第三章讓讀者知道，政黨如何在選舉期間利用這些演算法。我離開麥可的辦公室時，因為演算法的洞悉能力而感到興奮，然而，演算法也是一種嶄新的權力來源，我們完全不了解，遑論控制。

大數據：新的權力來源

　　數據主義的最終邏輯目標，就是讓所有人縮減為獨特、可預期，並且能夠瞄準的數據點。任何人只要曾經與聊天機器人交談，或者購買某個物品之後，觀看產品廣告，就會知

道這些科技未臻完美。但是,科技發展的方向很明確,也容易想像,你所有的選擇,可能都會在某一天,成為用演算法預測的一系列資訊刺激,謹慎且完美準確地分布在你的周圍。請讀者想像一下!某天清晨,你神清氣爽醒來,因為自動化設定鬧鐘知道你的行程和用於梳洗準備的平均時間(也配合交通時間而進行校正)。迅速分析你與其他數千名相似的使用者,針對健康狀況,提出數據分析之後的合適早餐,確保你能夠服用今天所需的所有營養(除此之外,如果你遵守智慧系統的建議,還能稍微抵扣健康保險費用)。你走進自動駕駛汽車,這台車剛回到家,你睡覺的時候,它是夜班自動駕駛計程車,替你賺錢。你輕鬆享受上班通勤,人工智能助理根據前一次的會議狀況與本次會議的出席人員,建議你應該在本次會議說什麼。在你飛奔回家之前,它們還會⋯⋯

　　上述的廣告內容當然非常驚人。然而,如果你跟不上目前的瘦身浪潮,或者因為睡眠、飲食、臉書用字甚至語調,顯示你可能在統計上難以因應潮流,你就會看到當地健身房的廣告。人工智能助理也會準確在你需要某些事物的時間,告訴你,你需要那些事物,而你甚至不知道原因。

　　我們很容易忽略這些科技的正面影響,因為上述的說法

聽起來就像查理・布魯克（Charlie Brooker）的影集作品
《黑鏡》（*Black Mirror*）。我在迪蒙斯工作時，負責管理
大數據分析中心，我們找到理解社會潮流、疾病、恐怖主義
和更多資訊的新方法。藉由公開更多政府部門績效表現，數
據可以、也將會協助民眾要求政府負責。有朝一日，我們一
定都會擁有人工智能助理，替我們向企業公司的人工智能協
商（例如信用卡、汽車貸款、退休金和投資事宜）。[14] 從使
用者的角度而言，這都是好消息。

然而，從數據蒐集、分析、預測，乃至於目標標定的所
有發展圖像，代表三種對公民生活的挑戰。第一，在社群網
站注視和數據蒐集行為之下，公民的政治生活是否能夠成熟
發展。第二，這些工具是否用於操弄、分散注意力並且影響
我們的行為，無法符合公民的最大利益。第三個問題則更屬
於假設性和生活層面，我們是否能夠相信自己足以做出重要
的道德決策。我們將依序探討這些問題。

我們活在被監控的世界

早在 1890 年，一篇指標性的文章——而且依然與我們的
生活息息相關——刊載於《哈佛商業評論》（*Harvard*

Business），山繆·華倫（Samuel Warren）和路易斯·布蘭迪斯（Louis Brandies）（兩人後來都成為美國最高法院法官）曾經質疑，攝影機的問世是否會讓公民暴露於持續監控的風險。他們發現，新的科技發展經常改變纖細脆弱的社會常規，法律有時必須跟上腳步。華倫和布蘭迪斯相信，19世紀初期的緊密複雜程度代表「個人生活的獨處和隱私變得愈來愈重要」。他們主張，公民需要「獨處」的權利。

　　自此以後，隱私的法定權利就被奉為法律圭臬，並且執行多種保護措施，希冀保護公民，免於遭受跋扈的州政府與肆無忌憚的企業公司侵犯，因為它們都有入侵私人生活領域的理由。沒有隱私法——各個國家隱私法大有不同——我們現在可能會活在時時刻刻的全面監視。在沒有隱私法的國家，我總認為，幾乎所有的配戴型科技產品、智慧型住宅以及人工智能，都可以創造前所未有的政府監視和控制。[15]這種擔憂並非僅限於寡頭政體或獨裁政體，因為，即使在自由社會，我們也絕對不會「獨自生活」。數據的掏金熱也已經開創民主政治的新型潛在監控，許多公民自由團體擔心這種現象對合法政治爭議和社會運動的影響。我和許多人一樣，看見愈來愈多人遭到逮捕和起訴的警訊故事，他們確實提出具攻擊性和不堪的言論，但僅此而已。在某些情況下，情治

單位已經不需要繼續監視你；他們可以直接尋找你的網路供應商，強迫揭露他們需要的資訊。❺

　　持續的監視和數據分享其實就像歐威爾在小說《一九八四》（*Nineteen Eighty-Four*）提到的「老大哥」，但他們是「小老弟」（Little Brother）。小老弟的行為也造成另外一種難以察覺的威脅。早在 18 世紀，哲學家傑瑞米·邊沁（Jeremy Bentham，我們會在後續篇幅更詳細討論）設計了一種新型的監獄，他稱為「圓形監獄」（panopticon）。圓形監獄的設計目標是讓一位看守者能夠觀察所有囚犯。邊沁認為，光是可能達成這個目標，就已經足夠讓所有囚犯的行為良好。現代的圓型監獄不只一位看守者，每個人都在監視其他人，同時受到監視。永久的可視性和監視是增強順從和溫馴的方法。永遠遭到監控，知道你所說的一字一句都會成為蒐集和分享的數據，創造軟性但持續的自我審查。這種感覺或許不像某些人在推特上面大喊濫權──但只要有一名憤怒的搗亂者，就會有數百位安靜的使用者、潛水用戶，他們只是閱讀，不會發文，因為害怕推特暴民、數據蒐集者、好管閒事的雇主，或者在網路上遊蕩，隨時準備生氣的專業發

──────────

❺ 順帶一提，這就是美國國家安全局稜鏡計畫（PRISM）──愛德華·史諾登（Edward Snowden）為最早揭露此事的吹哨人。

怒使用者。

　　這種現象斲傷公民在生活中進行道德判斷的能力。發展思維能力，需要一個人能夠勇敢說出具爭議性的論點、犯錯，並且從中學習。但是，社群網站創造了一種詭異的表演政治，我們都要扮演特定的角色以及表現出眾人接受的公共輿論（例如：這種想法很不好！這個人很棒！），限制個人發展的真正空間。[16] 舉例而言，遺忘的能力是個人發展的重要環節，因為心智的改變是我們成熟和成長的方法。隨著人口增加，知名人物和默默無名的人都會覺得痛苦，因為數位科技不會遺忘。有時候，這種技術有助於揭露權勢人物的動機和偏見。但是，年輕無知的時候，你在網路論壇留下的評論永遠存在，可能被他人挖掘，如實重新刊登，愈來愈多人認為，最好永遠不要說話。對於健康且願意思考的成年人而言，這不是良好的發展環境。

科技操弄人心的權力

　　現代科技的第二個問題是分散注意力和操弄。我們一直都受到廣告、品牌，甚至超市商品擺設的影響（甜品都在孩童的視線範圍）。但是，現在的差異已經不只是規模的問

題。如果數據分析或演算法，比我們更了解我們自己，它們可以用我們不能理解或無法發現的方法，操弄或控制我們。

請想像以下場景。個人化的廣告投放系統，學會如何使用你認為真誠且有趣的語言，將你視為廣告目標。這個系統創造獨特的廣告推特文，觸動你的情感開關，在你慣常的上線時間發表，按照你當時的心情量身打造。你今天和外國人相處導致壞情緒，接著你收到了當地政治人物發出的反移民廣告，試圖製造你的恐懼。你也有做資源回收的習慣——那你將收到綠色和平組織當地單位的太陽能推廣提醒。

上述只是平日生活的各種事物。然而，倘若反猶太主義用更個人化的病毒內容傳遞，只是因為分析模型相信，讀者會用更多時間閱讀相關內容呢？或者，你可以在一個星期中的特定時間點，掌握民眾的情緒，再用訊息玩弄低自尊者的心情，提昇抗憂鬱藥物 20% 銷售量。如果在某個人最脆弱或需要現金的時候，薪資貸款和賭博資訊使用精準的文字描述與投放時機，又會產生何種結果？

一個人的選擇自由程度，可能取決於你對自由意志的觀點（「強硬派的決定論」哲學家質疑自由意志是否真的存在）。但是，大數據演算法至少拋出了重要的問題，讓我們思考權力、影響力和控制力的新地位。當我們熟悉的社會開

始擔憂這種隱藏的說服機制——事實上，美國聯邦通訊委員會（FCC）因為非常擔憂，一度宣布潛意識的訊息傳遞「有害公共福祉」，雖然沒有任何證據顯示這種方法實際影響任何人。但是，沒有人理解現代操弄的運作方式。我甚至高度懷疑有任何一位員工完全理解自己公司的演算法，就像現在已經沒有任何一個工人可以獨立製作一臺汽車或一支鉛筆。一行行程式碼構成的強力演算法，塑造我們的世界，在大多數的時間，人類並未參與演算法的運作。所有的製作都是自動化過程，能夠依照回饋而持續改進。由於只有極為少數的人可以理解，其中的祕密也受到嚴格保護——簡直就是可口可樂配方的現代翻版——大多數的管理者完全不知道其中可能發生何種不義現象，遑論控管。

我們還擁有「自由」嗎？

隨著更強大的人工智能問世，數據主義的前景——相信數據的數學法則可以應用至人類的決策制定——可能很快就會挑戰我們的自我理解。這是第三個，也是最後一個問題。正如哈拉瑞在重要的作品《人類大命運：從智人到智神》（*Homo Deus*）解釋道，數個世紀以來，人類相信自己是意

義的終極起源，人類的自由意志也是權威的最高形式。這是
人類的奠基神話：我們能夠征服世界，不是因為我們比其他
動物強壯或高大，而是因為我們更聰明。我們相信民主具備
特殊的道德價值和目標，因為我們認為人類的判斷和道德選
擇擁有獨特的價值。

　　然而，倘若智慧型機器得到數 PB 容量的數據，就能夠
持續改善效能，比人類更睿智聰穎呢？

　　未來觀察家經常討論這種現象對人類工作的意義（我也
會在第四章探討這個議題），但鮮少質疑對人類自信和價值
觀的影響。人工智能的發展速度顯示，它可以提供更多的實
際洞察和答案，遠比人類的想法更好。以醫學為例，幾年之
內，人工智能的診斷就會勝過專業醫師（在許多領域已是如
此，但法規制定的速度依然緩慢）。將生死決策交給機器，
一開始確實讓人緊張。但我們很快就會適應，正如人類看待
自動駕駛飛機的態度。同樣的道理也適用於救援物資分配、
智慧能源網、農穫預估，以及偵測石油外洩。[17]

　　人工智能的應用領域從實務移轉至道德只是時間長短的
問題，因為實務和道德的區分不如你所想像的精細。自從法
國大革命以來，每次科技浪潮掀起，我們都會思考，純粹精
準的科學能夠解決多少複雜的道德問題。雖然過去從未如

此，但這次或許能夠迎來不同的結果，因為數字具有令人醉心的力量。這種危險思想最有名的版本，就是我們的老朋友邊沁。圓形監獄並非他唯一的想法。1789 年，他設計了「幸福計算」（Felicific Calculus），宣稱這種計算方法可得到任何決策的道德正當性。邊沁認為，道德正當性的衡量方式就是「決策是否增加最大多數人的快樂，並且減少痛苦」。他的原型計算方式包括衡量決策的強烈程度、時間長短和生活富饒。邊沁是功利主義者，他相信行動的結果決定其道德價值。因此，他醉心於機制。決策的結果，不像「榮譽」或「責任」等空洞的倫理理論，這是能夠具體衡量且分類的。

　　邊沁沒有電腦計算數據的能力，無法讓他提出的計算方法確實運作。但是，請想像能夠存取數 ZB 容量數據的演算法——包括人的心情、健康、幸福、婚姻狀態、財富、年紀與其他數據。有了這些，幸福計算 2.0 演算法就能建立上述變數組合的可能結果預測模型——累積相關分數，協助你進行決策。

　　或許，你甚至可以將自己的道德信念輸入演算法機器。

我：我是功利主義者，我應該購買有機食物嗎？

幸福計算 2.0：根據有機栽培數據、運輸配送數據以及農業補貼資訊，並且針對經濟成長和國家幸福生活預測數據調整，答案是「應該」，正確機率為 62%。

我：我是義務論者，相信康德提出的定言令式。你能夠確定 Nike 製造最新的運動鞋時，並未造成不必要的傷害嗎？倘若沒有，請替我購買一雙。

幸福計算 2.0：我並未替您訂購最新的 Nike 訓練鞋，我建議您考慮更換品牌。

如此這般。❻

幸福計算 2.0 系統當然無法獲得足夠的數據，只能進行相當簡略的功能——一臺冷酷計算的機器，無法理解人類決策的細微層面。當時的人就是如此告訴邊沁。然而，這種結果無法阻止人類對數據的追求，因為制定艱困的決策時，人類（在我的經驗中，政府部門也一樣）容易受到數據和資料

---

❻ 在另外一種科技更進步而且非常理想的情況下，人類可以整合人工智能，而不是將道德判斷交給機器。使用大腦道德模組晶片，融入人類進行道德決策的過程，而不是單純將所有可能的行動選項輸入道德判斷機器。道德模組晶片可以按照各種結果的功利結果和可能性進行評分，精準列出各種可能結果和其他警訊。

的影響，無論數據和資料何其不完美。數據讓人心醉，因為它們提供純粹、精準且不必判斷的答案。演算法更是如此，因為演算法似乎是符合邏輯且客觀的計算機制，能夠涵蓋數百萬個例子。

如果你想要否認這個事實，也沒關係，但人類的生活已經開始仰賴機器進行道德選擇了。凱西‧歐尼爾（Cathy O'Neil）在最近的書籍作品《大數據的傲慢與偏見》（*Weapons of Maths Destruction*）中，記錄數十個例子，重要的決策——聘僱政策、教師評估、警力分配和其他——實際上都已經交給專用數據和演算法進行計算，創造冷酷且毫無疑問的效率結果，即使這些決策創造非常重要的道德影響和結果。[18]我可以想像這種功利主義將掌管全世界，因為此種結果符合數據和人工智能的計算，但會造成巨大的災難。或許聽起來、看起來非常客觀，但演算法的起點永遠都是被侷限在設計者提出的問題框架內，傾向於複製設計者的偏見。現在所有的演算法，都是由加州北部一群富裕的科技人設計且擁有，已經引發相當不幸的結果。演算法從來不符合自然發展。舉例而言，某些警察單位依賴數據模型，決定應該在何處配置警力。但是，貧困社區容易發生犯罪行為，演算法在這個社區投入更多警力，於是更多人遭到逮捕。這個

數據回饋至原本的計算模型，創造永恆的不平等循環與演算法驅使的不公義。

我們現在要討論真正的反對原因。機器和演算法計算的真正問題，並非它們做出錯誤的決定，問題恰恰相反。它們日漸進步，重複創造良好且節省金錢的解決方法（至少比人類決策更好），即使在某些難以察覺之處造成不公，依然在人類生活中樹立更重要的地位。如果機器的診斷反覆勝過人類醫師，忽略機器的建議，可能會造成潛在的倫理危機；當機器告訴政府，特定的警力配置方式可以節省金錢支出並且減少犯罪事件，即使此舉無法解決長期問題，政府依然難以拒絕接受其建議。

那麼，這種現象為何不會影響公民義務的核心呢？現在已經出現一群立意良善的應用程式，協助你決定自己的投票行為。你輸入自己的觀點和偏好，機器立刻替你挑選應該支持的政黨。將近五百萬名英國人在多次選舉中使用投票應用程式「我支持」（"iSideWith"，譯名為本書譯者翻譯，非正式名稱）。五百萬人詢問自己幾乎不了解的應用程式，決定自己身為公民最重要的義務，卻沒有人覺得哪裡有問題。

2015 年英國普選之前，我任職的智庫迪蒙斯協助另外一款相似的應用程式「沃托」（Verto）開發演算方法。當

時，我們都認為這是一個很好的想法──我告訴每個人，這個應用程式可以協助選民理解不同政黨在不同議題的立場。如今，回歸原點，我更加相信這種應用程式提供短期的便利，卻犧牲人類長期的關鍵能力。我們應該放棄這種應用程式。

　　如果你想要使用應用程式，為什麼不乾脆將神聖的一票交給演算法？選民出了名不知道自己的喜好。古典民主理論假設社會大眾的資訊充足且關注時事議題，但事實是，民主的決策效率非常糟糕。我們相當不理性，而且會將許多認知偏見帶入投票。如果是投票機器人，它能做到消除過往歷史、你的個人喜好、朋友的喜好，以及上千種其他指標，包括薪資、地理位置、家庭規模，再看看其他可能的選項，決定最符合你利益的候選人。「Siri，告訴我是否應該支持英國脫歐公投？」

　　人工智能比人類更聰明的可能性（我的意思是，人工智能可以持續採用數據分析進行更好的務實決策，不只是「智力」更優越），對於政治本質和道德權威的影響，遠遠超過我們可以承受的想像範圍。當我們完成測驗、卻發現無法打敗這些機器之後，可能就會得到一個結論（一開始，測驗的範圍當然很小且無害）──或許我們不知道什麼才是最好的

選擇，不過更睿智的方法是，在制定重大的道德和政治決策時，先不要相信自己的心聲。甚至，這個世界最後會變得極度複雜且令人困惑，必須仰賴超級人工智慧，才能保持世界順利運作。倘若這個世界真有另一種更優越的系統，人類為什麼有資格制定重大決策呢？到了那個時候，除了毫無效率制定惡劣決策之外，民主政體還能是什麼？

　　未來趨勢觀察家經常討論他們口中的「科技奇異點」，意思是到了某個階段，機器的自我改善功能將會點亮一條自我取代的道路。雷·庫茲威爾（Ray Kurzweil）是未來趨勢觀察學的教父，也是毋庸置疑的谷歌天才和科學家。他預言科技奇異點將在本世紀中期來臨（其他人並不同意他的觀點）。我個人相信「道德奇異點」更快，也更有可能出現——我們開始將重要的道德和政治思辨交給機器處理。同樣的道理，這也是無法回頭的轉折點：一旦我們開始仰賴機器，就不會停止。我們相信自己可以擔任道德決策者的程度，取決於我們是否反覆制定道德決策——購物、投票、育兒、參與選戰，以及無盡的其他事物。沒錯，道德選擇經常充滿偏見和錯誤，所以用機器決策才會如此吸引人。但是，唯有反覆使用理性、證據和道德探索的能力，才能改善我們的關鍵能力。這不是容易的使命，需要公民保持警覺、知

覺，並且願意接納各種廣泛觀念的挑戰，慎重思考各種觀念
造成的影響。有幸活在民主政體的每位公民都應承擔這個責
任。演算法愈來愈快，愈來愈聰明，為了減輕生活負擔、提
高效率速度或者繼續無知，要放棄機器創造的便利，也會造
成愈來愈大的壓力。因為責任艱困而放棄，確實很輕鬆，但
我們將失去自由思考的能力，深深陷入機器依賴。有鑑於人
類在歷史上的艱困決策經常犯錯，交給機器，或許可以創造
更睿智且人道的生活，但已經不是民主社會了。

第二章

two

疏離的地球村

The Global Village

為什麼我們靠得愈近，
卻離得愈遠？

ii

　　資訊超載和聯繫，已經助長情感的部族政治
產生分裂，團體的忠誠和憤怒超越了理性和妥
協。雖然，黨派是政治的必須，但過度結黨會產
生危險。政治領導人正在進化，適應新的資訊媒
介——因此，民粹主義者崛起，承諾提供滿足情
感需求的、立竿見影的，並且解決所有問題的答
案。但是，失去方向且內心混亂的公民組成彼此
交戰的部族，乃是極權主義的前兆。

早在 1960 年代，神祕的文化理論學明星學者馬歇爾・麥克魯漢（Marshall McLuhan）已經預期電子溝通的時代即將來臨，並將打破當時既有的結構和身分認同。他主張，這種發展的結果讓人類回到部族色彩更為濃厚的社會。他稱呼此種無縫的資訊網是「地球村」（global village），也因此享譽盛名。當時的人對他的論點讚譽有加。[1]

麥克魯漢一直都是矽谷的遙遠精神領袖，他是科技革命的創新思維領導者與知識界的搖滾明星。他說的「地球村」觀念，依然迴盪在帕羅奧圖（Palo Alto）、山景城（Mountain View）與庫比蒂諾（Cupertino）等城市。每一次，你聽見任何人討論「全球社群」（global communities）或「完全連結」（total connectivity），都是麥克魯漢的迴響。「讓來自不同背景的人可以輕易連結，分享彼此的理念。」馬克・祖克伯早期曾在自己的網站寫道：「我們可以減少短期和長期的全球衝突。」

偉大的先知麥克魯漢，無法限制自己的聰明才智。他也說過，即使全世界能夠彼此相連，這樣的世界仍有衝突和歧異，因為時時刻刻的資訊或許太過混亂，引發群眾的認同危機。「我們現在熟悉的政治民主時代已經結束了。」1969年，麥克魯漢接受《花花公子》雜誌專訪時指出：「因為電

子媒體讓人類產生部族化的改變；我們全都變成驚慌失措的小雞，瘋狂地四處尋覓過往的認同，在這個過程中，釋放極為巨大的暴力。」[2] 各家公司的執行長、備受矚目的產品代言人、網路科技的諂媚者、初期發展階段的科技人士，以及政治人物都傾向於忽略這個觀點。因為，比起巨大的暴力，這些人更喜歡保持樂觀主義。

民主政治總是喧囂，也經常產生極端的分歧，請讀者思考伊拉克戰爭、越戰，甚至 1980 年代的英國礦工罷工事件。自從二戰之後，整體而言，民主政體大幅強調其文明特質以及彼此共享的基礎假設認知，即使我們依然看見偶然出現的憤怒衝突。但是，在過去幾年，政治歧異的本質改變了，逐漸成為部族政治。政治紛爭充滿高度黨派色彩，團體產生強烈忠誠，有時甚至淪為領袖崇拜，傾向寬以律己，嚴以待人，不願與競爭者妥協。政治愈來愈像運動競技。柯賓（Corbyn）和川普（Donald Trump）的支持者必然會反對我將他們相提並論。但是，他們兩人都有自己的個人商品、喧囂怒吼的支持者、勝利歌曲，以及聖徒般的傳記故事。正如麥克魯漢的預言，我們正在經歷政治世界的重新部族化。我說「重新」部族化，是因為比起現代政治，部族忠誠和認同影響人類生活的時間更為長久。人類已經承受足夠的內戰，

明白歸屬某個團體的需求早已牢植於內心。

　　心理學家強調群眾的不理性。查爾斯・麥凱（Charles MacKay）〔早於古斯塔夫・勒龐（Gustav Le Bon）的知名作品〕曾寫道：「（人類）總是成群思考……我們將會見證，人類共同陷入瘋狂，但只能一個人接著一個人，緩慢恢復感知能力。」代議民主的早期支持者——特別是美國的建國元勳——害怕瘋狂群眾的憤怒熱情。他們回首歷史，發現「群眾的熱情衝動或利益衝動，有害於其他公民的權利」，而這就是「造成世界各地人民政府衰亡的道德疾病」。[3] 他們其實害怕貧民——這種感覺常見於統治階級——但他們也是一群睿智的耆老，知道民主政體始終承載一種風險，可能淪為無知且自私自利的暴民統治，訴諸毫無限制的情緒。因此他們謹慎設計代議政治系統，發揮制衡、平衡且定期選舉的精神，保護政治系統的威信，限制群眾的不安和憤怒。

　　任何人只要使用推特五分鐘，就能肯定查爾斯・麥凱的定義為真。但是，現代科技人士不相信群眾是沒有臉孔的瘋子，而是睿智且追求正義。這類科技人士閱讀霍華德・瑞格德（Howard Rheingold）的《聰明行動族》（*The Smart Mob*），無止盡地討論「群眾資源」和「群眾智慧」，並相信「群眾心理」（hive mind）。如果只是想要解決沒有價值

基礎的技術問題，例如修復電腦錯誤，當然可以仰賴群眾智慧，但政治是另一回事。[4]

早在 iPhone 問世之前，人類早已擁有因為政治而誅殺彼此的完美能力。而矽谷滿腔樂觀追求實現地球村理念之際，期待實現完整資訊和人際連結，意外地讓部族主義逃出代議民主替它打造的牢籠。

大群聚：同溫層的雙面刃

數十年來，政治最重要的改變之一，就是從資訊匱乏的世界，倏然轉變為資訊超載的世界。現在的資訊量過多，即使最條理分明的思維能力，也難以整理為組織化的資訊。我們活在極度碎裂的時代，面對的是無法消化的資訊意見。

我們現在早已清楚這種現象對政治的基礎影響：主流新聞媒體分裂，錯誤的誤導資訊早已沛然，莫之能禦，群眾可以設定個人化的消息來源，符合他們預先存在的偏見。[5] 面對無限的人際連結，我們可以找到彼此契合的人物和觀念，擁抱彼此。全新的詞彙已經進入辭典，全面描述這種現象：同溫層（filter bubble）、回聲室效應（echo chamber，也稱同溫層效應）以及假新聞。2016 年的年度代表字是「後真

相」（post-truth），其實不是巧合。

有時候，「後真相」已經變成一種非常方便的方式，可以用單一詞彙解釋複雜的事件。在某些圈子中，「後真相」其實是稍嫌傲慢的正統說詞，描述愚蠢的無產者（proles）❶受到網路誤導資訊或假新聞的欺騙，投票支持英國脫歐或川普。事實上，根據我的經驗，教育程度良好的民眾更容易受到這種不理性行為的影響，因為他們通常過度看重自己的理性能力和決策能力。❷

網路蓬勃發展，對政治認同造成的結果，遠比投票行為更深刻。其影響超越了政治政黨，而且比回聲室效應或假新聞更重要。數位通訊已經從本質上改變我們接觸政治觀念的方法，以及我們如何理解自己身為政治行動者的角色。正如網飛（Netflix）和 Youtube 用日漸進步的個人化選擇，取代了傳統群眾的電視收視習慣，完全的人際連結和資訊超載，也提供無窮無盡的政治認同可能。這種結果，打破單一穩定的身分認同──例如政黨的入籍成員──取而代之的是一群

---

❶ 無產者（proles），語出歐威爾的小說《一九八四》，而歐威爾的想法來自馬克思的無產階級。在小說中，無產者占了國家總人口數的 85％，主要負責體力勞動，教育程度較低。

❷ 根據一本最近出版的黨派政治書籍，對於政治懷抱最強烈興趣，並且具備知識的人，最可能根據自己的偏見，選擇性詮釋資訊。

想法趨近的人組成的細小單元。⁶ 在網路上，任何人都可以
按照自己的意願，尋找各式各樣的社群（或者建立自己的社
群）。藉由這種社群，他們能夠動員數千位想法趨近的成
員。心情沮喪的人可以自動（有時候仰賴演算法）找到其他
同樣沮喪的人。社會學家主張這是「同質性」
（homophily），政治理論家稱之為「認同政治」（identity
politics），而社會大眾則說「物以類聚」。我認為這種現象
是「重新部族化」。人類具備群聚的自然傾向，許多著作早
已詳盡討論——關鍵在於，可能創造的人際連結愈多，群聚
的機會就愈高，而且能夠創造有史以來最精準的團體。近年
來的政治部族，包括與柯賓關係密切的「動能」運動❸，
「黑人的命也是命」❹，另類右派❺、英格蘭護衛聯盟❻，反

---

❸ 動能運動（Momentum），2015 年英國工黨於大選失利之後，柯賓表態
　角逐黨魁，他的青年支持者發起運動，迅速累積 6 萬 5,000 名黨員，將
　原本只是後座議員的柯賓推上黨魁，隨後，他原本的支持者成立「動能」
　組織。

❹ 2013 年，美國黑人青年崔溫‧馬丁（Trayvon Martin）遭到警察槍殺。
　隔年，該名警察或判無罪，引發社群網站不滿，加上 2014 年之後另外
　兩件非裔美國人遭到槍殺事件，網路使用者發起「黑人的命也是命」
　（*Black Lives Matter*，縮寫為 BLM）運動，但沒有正式的組織。

❺ 另類右派（the alt-right），也翻譯為非主流右派，主要是指美國右派政
　治思想中的一個分支，他們的擁護者在 2016 年的美國總統大選中，多
　半支持川普，贊同反對非法移民、反對多元文化，以及反對政治正確的
　主張。

法西斯❼、激進的素食主義，以及#感受伯尼❽。我的意思並非這些團體在道德上都彼此相同，也不是指責他們毫無核心價值，或者批判他們缺乏思辨能力——我只是要強調一個重點，他們都屬於**部族政治**。

讓想法相似的一群人變成充滿動力且可以動員的部族，其關鍵在於彼此共享的掙扎感受和普遍常見的不滿，而網路就是人類有史以來最大、內容最豐富的食品儲藏室，提供無窮無盡的不滿。

如果你是一位跨性別人士，可以在網路上分享針對跨性別人士的可怕犯罪統計數據。

如果你是有色人種，調查報告顯示你的人生機率和其他人有何其巨大的差異。

如果你是白人勞工階級，研究發現你的階級接受大學教育的機率最低，個人行動能力感受也最差。

如果你是穆斯林，你很有可能入獄服刑。

---

❻ 英格蘭護衛聯盟（English Defense League；EDL），是英國反對移民的極右翼組織。

❼ 反法西斯（Antifa）的全名是 Anti-Fascist，最早出現在二戰之後的歐洲大陸，反對法西斯和納粹主義帶來的傷害，也批評種族歧視。

❽ 感受伯尼（FeelTheBern），是美國聯邦參議員伯尼‧桑德斯（Bernie Sanders）參與 2016 民主黨美國總統初選時，幕僚所創造的口號。

如果你是中產階級，學術研究發現，過去三十年的全球化發展，導致你的工資產生前所未有的衰退。

如果妳是女性，妳的薪資依然比男性少，而且承受大量的日常性別歧視。

如果你是男性，你必須接受逆向歧視，預期壽命較短，更容易自殺。

我的意思並非貶抑這些議題，因為上述聲明確實為真，而且反應真實的問題。重點是，每個人現在都有非常充分的理由，可以覺得自己遭到侵犯、憤怒、受到壓迫或者威脅，即使他們的人生其實一帆風順。某些人的生活相當體面，卻能夠藉此產生強烈的認同感，並且忠於自己從未想過的團體，只因為他們持續讀到某些資訊，知道自己過去一直受到壓迫。❾

多年來，我們利用不同的資訊和原則，遁入部族政治，但網路開拓新的方式，讓人們得以塑造、尋找，並且加入更小型的部族，而在那之前我們從不知道自己屬於這個部族，

---

❾ 我非常驚訝，幾乎沒有任何作家強調部族、認同政治和網路的關係。許多人憤恨不平地書寫探討認同政治，卻鮮少有人質問網路是否鼓勵這種風氣。我個人的想法認為，認同政治的許多批判者，都是自由主義的言論自由社運人士，但他們不願責怪網路，因為網路裏助言論表達自由，確實功不可沒。

而且在加入後讓自己接受完整的證據，持續深化自己「屬於這個部族」的信念。我時時刻刻都在見證這種現象。我是一位年近四十的白人男性，曾經就讀綜合學校。這些背景毫無特色。但是，我在網路上讀到更多資訊，知道出身勞工階級的白人男孩是綜合學校成績最糟糕的人，承受高度自殺風險，以及其他資訊之後，我愈來愈認為自己屬於這個部族。部族主義可以理解，但追根究底，部族主義有害民主，因為部族主義擴大我們之間的微小差異，並轉變為巨大且無法跨越的鴻溝。

「系統一」政治系統加速崛起

麥克魯漢還有另外一個理論認為，書寫的文字非常平靜、冷漠，並且理性，因此，識字的人也是如此。他可以進行事物的排序和分類，代表他有時間慎重地分析。他反應了自己接受資訊的媒介（這也是麥克魯漢另外一句名言「媒介即訊息」（the medium is the message）的出處）。相較之下，他相信電子資訊，特別是電視——電視就是他那個年代的網路——屬於聲光，也就是聲音和圖片，提供人們一種更完整的感官經驗。麥克魯漢主張，如果識字的人是理性的，

電子世界的人則是感性的、聲光的，而且有形的。

　　麥克魯漢五十年前充滿先見之明的「探查」（probes，他用這個英文詞稱呼自己的想法），思考科技如何改變人類行為，而他的「探查」比起絕大多數「啟發思考」的TED演講更有洞見。但是，麥克魯漢不是一名科學家。他並未進行研究或測試理論。幸運的是，最熟悉如何檢驗人類決策偏見的丹尼爾‧康納曼（Daniel Kahneman）做了。經過數十年的經驗研究，長期與阿莫斯‧特沃斯基（Amos Tversky）合作，康納曼進行人類如何制定決策的前瞻研究——特別專注於不理性決策。我不會在此引用史丹佛監獄實驗（Stanford prison experiment）或者最後通牒賽局（Ultimatum Game），但康納曼的主要重點在於，人類的行為共有兩種基礎系統。「系統一」的思維迅速、直覺且情緒化，也就是爬蟲類腦（reptilian brain），以直覺運行。相形之下，「系統二」的思維較慢、謹慎而且更符合邏輯[7]，有時候（但並非永遠如此）能夠抑制人類的狂野怒氣。

　　現代民主期待按照「系統二」的運作邏輯，而這個系統的理想公民就是麥克魯漢所說的「識字的人」，其制度安排的目標，就是達成符合邏輯、深思熟慮，並且按照事實的決策。然而相較之下，網路更接近「系統一」：所有人事物都

非常迅速、直覺，並且服膺於情緒。

　　網路從兩個重要的層面，持續教導群眾接受事物運作的基礎假設。首先，網路萬物都非常迅速且個人化：每個人都能輕易找到每件事，閱讀數百萬的網頁、尋找各種目標，甚至閱覽嬰兒圖片，而且全部免費。你拉近瀏覽範圍，拉遠瀏覽範圍，滑開網頁，用手指點閱，與一位遠房親戚聊天。正如道格拉斯・洛希科夫（Douglas Rushkoff）在近年作品《即刻震驚》（*Present Shock*）中說道，在現代世界，「我們在任何時刻做的任何事，都變得非常重要。」請仔細思考他的話！你曾經排隊等候（並且付錢）領取自己一周之前拍攝的照片，無法知道照片是否沖洗良好。這種結果導致「個人選擇」和「個人自由」的距離變大，構成我們消費生活的特色，也是政治世界無窮無盡的妥協和冗長乏味的窒礙難行原因。舉例而言，請注意許多支持英國脫歐的人，他們使用的語言就像尚未發展心智能力的小孩：為什麼**我**應該要接受（歐盟制定的法律結果）？我並未投票支持，我想要奪回**我的**國家。❿

　　其次，網路主要是一種情緒媒介，許多科技人無法領略這個道理。速度和情緒息息相關，因為兩者都是我們有限的人腦處理資訊超載和完全連結的方法。公民確實需要資訊，

才能形成意見和進行判斷，更多民主的媒體形式也能創造許多益處。然而，現代公民必須篩選洪水般的資訊，包含彼此競爭的事實、社群網絡、好友要求、各種主張宣揚、部落格、數據、宣傳、錯誤的資訊、調查報導、圖表、差異比較圖、評論和報導文章。社群媒體平臺讓我們不斷獲得快速且無窮的爭議觀念和論述，此起彼落，卻沒有顯著的秩序或者進步的感受。因為社群媒體平臺的設計目標，就是要讓你在吃早餐、通勤，或等公車時，大聲說出自己的想法。它要求你立刻提出未經縝密思考的回應。臉書問我：「傑米，你在想什麼？」推特想要知道「現在發生什麼？」我發現許多人倉促表達斥責，或者迅速且公開展現憤怒，卻從未謹慎思考自己真正的想法。這些現象令人心煩意亂且承受壓力，所以我們傾向於使用輕鬆單純的情緒探索方法，才能讓周圍的噪

❿ 我的預測如下：在未來的幾年，任何成立的新「民粹」政黨都會承諾讓成員參與更多的公投複決（referendum）和數位投票。他們說這是庶民對抗體制，讚譽這是打破遲緩貪腐「政治系統」的新方法（無論民眾表達何種不悅，他們當然都會忽略）。事實上，數位科技無可避免的結果，就是民眾持續要求進行更多公投複決。因為數位科技提供安全且可負擔的電子投票前景，也開創了一種可能性，讓民眾認為自己在每個星期投票決定每件事。這是極度誘惑人心的陷阱，只會加速「系統一」政治的崛起。如果英國脫歐和蘇格蘭獨立的投票結果有帶給我們任何啟示，就是（一）公民投票無法「解決」任何問題；（二）公民投票導致極度分裂，因為投票強迫人民兩極分裂，而不是尋求共識。

音變得有意義。正如許多文獻早已充分探索的內容，我們仰賴「確認偏誤」（confirmation bias）——閱讀自己早已同意立場的文章、與意氣相投的人相處，避免接觸和自己既存世界觀衝突的資訊。相似的道理，研究反覆發現，由於外界的噪音繁多，帶有情緒的內容更容易吸引認同，分享生活故事和轉發推特等等，勝過嚴肅且思緒縝密的評論和故事。舉例而言，在 2016 年美國總統大選的最後幾個月，臉書充斥選舉假新聞，永遠都是誤導人心、情緒化、極度憤怒而且錯誤的資訊，其分享範疇遠遠超過《紐約時報》和《華盛頓郵報》的冷靜分析。[8]

　　網路並未創造這個問題。我們永遠都有自己的立場，也永遠都會受到情緒波動的影響。自由派人士總是閱讀《衛報》或《紐約時報》，而保守派人士喜歡《每日電訊報》以及《華爾街日報》。然而，網路將這種現象推到新的層級。只要幾年的時間，影像操弄就會變得貨真價實，而且廣泛普及。任何人都可以讓任何一位公共人物說出他們希望聽到的話語，並使其可信度與真實事物毫無差別。川普承認自己是3K 黨祕密黨員和喬治・索羅斯（George Soros）資助反民主政變的影像都可能大幅傳閱。

現代部族政治的問題

　　部族主義和「系統一」是資訊超載的直接產物，也是讓分裂和歧異轉變為生存對立的絕佳條件。政治部族本身沒有問題。在民主政治中，特定程度的黨派是必要的，甚至也是值得追求的現象。[9] 但是，如果黨派超越一切，民主就會崩潰，因為難以達成共識。理性和論述也敗給情緒和盲目的部族忠誠。

　　現代民主政治最重要的其中一個問題，就是理解「對手」如何變成「敵人」。英格蘭護衛聯盟的前任領袖湯米·羅賓森（Tommy Robinson），就是這種轉變過程的好例子，也能讓我們理解網路在這個過程中的角色。2015 年至2016 年，我曾與湯米巡迴歐洲數個星期，無論何時，只要我和湯米在一起，他總是定期瀏覽推特，尋找可怕的故事，分享給支持者。2017 年 12 月 17 日，我隨意瀏覽湯米的推特，就看見他分享一則故事：同性戀遭到穆斯林攻擊，警告他們記得沃爾瑟姆斯托（Walthamstow）不歡迎同性戀（倫敦標準晚報）；巴基斯坦官員要求錫克教信徒改宗伊斯蘭（拉布瓦時報）；義大利小鎮砍除聖誕樹（歐洲之聲）；武裝警察進入盧頓（Luton）市中心，針對大規模恐怖威脅進

行巡邏（Westmonster 網站）；索馬利亞的難民在索馬利亞獲得英國政府的補助（鏡報）；前反恐警長預期，聖誕節前即將發生恐怖攻擊（每日郵報）；巴基斯坦的奎達（Quetta Balochistan）發生兩起自殺炸彈攻擊事件（路透社）；英國國王學院教堂持續遭受恐怖攻擊威脅，要求教堂廢除聖誕讚美音樂會（每日電訊報）。

　　許多人經常假設湯米・羅賓森狼吞虎嚥吸收假新聞和陰謀論——兩者都是近年社會大眾關注的焦點。然而，正如讀者所見，事實更為複雜。湯米分享的故事通常不是偽造的，其中許多故事來自正派主流的新聞傳媒，報導真實發生的事件。數年來，藉由謹慎選擇片面事實，他建構了表面看似可信且一致的世界觀。這不是「假新聞」，而是更深層的「刻意忽略特定真相」問題。然而，量身訂製一個人的新聞體驗——讓他重複收看同一個議題，再將這個議題丟給數千名聽眾——能夠產生強而有力的效果。研究人員喬爾・布許（Joel Busher）曾經深入英格蘭護衛聯盟十六個月，他認為英格蘭護衛聯盟的支持者使用認知「框架」解釋一切，利用特定的詞彙詮釋所有故事，例如「西方世界和伊斯蘭世界的不可共存」，控制公共生活的「文化馬克思主義」，攻擊英國白人的「雙層系統」（Two-tiered system）。他們用這種

方式，將偶發的獨特事件，詮釋為他們認知的不平等，藉此建構意義，刺激群眾的情緒反應。[10] 任何關於伊斯蘭的正面新聞，能夠平衡觀點，或者讓讀者知道上述新聞只是獨立的意外事件，都會被負面的情緒浪潮沖毀，貶抑為宣傳手法，或者自由派新聞記者拒絕接受真相。[11] 湯米用如此漫長的時間閱讀同一種立場的新聞，他的政治競爭對手已經不是「雖然意見不同，但依然值得尊重的人」——如果問題和答案已經如此鮮明，為什麼要尊重他們？重點並非爭論的任何一方——而是我們當中的許多人，雖然較不極端，依然有責任。問題不是法西斯主義者取得主導地位，而是**我們全部人**都在自己喜歡的政治風格中展露些許法西斯主義氣息——建構自己獨有的似是而非現實，妖魔化競爭對手。沒有共同同意的事實，只有彼此咆嘯爭論。

　　畢竟，許多問題和答案似乎已經如此鮮明清澈，競爭對手只能是前後立場不一且胡言亂語的人、邪惡的馬基維利主義者，以及無法理解他人痛苦的迫害者。原本只是在實務議題上的分歧異見，開始演變為純潔和邪惡之爭：到了這個階段，沒有任何協商原則，只有團體忠誠。「我們」善良和純潔，「他們」邪惡且貪腐。[12] 這種極化分裂的跡象隨處可見。「每個人都有不同政治觀點」已經不只是單純的事實，

因為「不同政治觀念」已成為更加深刻的道德缺陷。根據民調公司優哥夫（YouGov）的數據，在支持英國留在歐盟（Remain派系）的年輕人當中，有四分之三的比例認為老年人抱持偏見，而在支持英國離開歐盟（Leave派系）的老年人當中，有同樣比例的人數主張，年輕人嬌生慣養且不願努力工作。在美國，從 1992 年至 2014 年之間，「非常不喜歡對手黨派」的比例增加超過兩倍，到了 2016 年，將近半數的美國人民相信「對手黨派」（而不是他們自己）的「心靈封閉」。[13] 如果報紙傳媒現在刊登頭條新聞，指控法官是「全民公敵」，而信守原則的國會議員是「圖謀不軌的破壞者」，必定會形成惡性循環。

　　你是否曾經留意，網路的論爭從溫和的歧異，迅速轉變為激進的貶抑？根據我的個人經驗，在 2016 年英國脫歐公投複決中，分別投票支持離開歐盟和留在歐盟的人，一般都能溫和聚餐。他們當然不同意彼此的觀點，但至少願意傾聽，並且嘗試理解彼此。然而，在網路上，留在歐盟的支持者被批評為「沾沾自喜的菁英主義者，只會哭訴想要留在歐盟」（remoaners；結合留在歐盟的英文 remain 與嗚咽的英文 moan），而支持脫離歐盟的人則是不負責任的幼稚鬼和被憎恨沖昏頭的沙文主義者。此處，我們再度看見網路的溝

通模式讓問題更為嚴重。自由主義者提出充滿希望的理論，認為「爭辯」的重要角色在於，對立的立場和意見只要彼此接觸，就能協助消弭歧異。但是，數十年的研究早已發現，想要讓一個人改變自己的立場何其困難。「信仰就像跑車。」神經科學家塔莉・沙羅特（Tali Sharot）寫道：「信仰影響我們的幸福與快樂……我們在腦海中填補讓自己覺得強壯和正確的資訊，避免使自己困惑與不安的資訊。」這就是為什麼我們接觸事實矛盾之後，自己的信仰就會變得更強烈。舉例而言，川普在選舉期間的言論一再受到指正，卻對選舉結果毫無影響。[14] 幾項不符合自由主義論點的研究也已經發現，兩個團體彼此爭論之後，意見通常會變得更為極端。[15] 沒有人可以準確解釋原因（有些研究認為，這是人類演化之後的特質，協助我們與他人合作，建立「我們共同相信的確認偏誤」）。在特定的條件之下，我們確實可以改變心意。慎重思考、著重細節，考慮他人心智和背景條件的論述，可以創造改變[16]，但這通常是緩慢且費力的過程。

　　不幸的是，數位溝通的本質難以允許我們改變自己的立場，因為彼此對立和競爭對手產生的影響通常十分迅速、短暫且強化情緒。因此，數位溝通無法改善相互理解——通常只是適得其反。2001 年，網路心理學家約翰・蘇勒爾（John

Suler）解釋其中原因，列出幾項讓網路使用者忽略現實生活社會規則和規範的因素。蘇勒爾主張，第一個原因是我們不知道，也看不見自己於網路上交談的對象（他們也不知道我們是誰或看見我們本人）。第二個原因則是網路溝通即刻發生，似乎沒有任何規則或課責性。第三個原因，網路溝通的環境宛如第二個現實生活，所以我們才會做出那些自己不會在真正現實生活從事的行為。蘇勒爾將這種現象稱為「惡性去抑」（toxic disinhibition），這也是所有探討回聲室效應和同溫層的文章所忽略的重點。網路不只創造了小型部族，更降低接觸敵人部族的難度。我可以時時刻刻在網路上看見反對我的論點；那些論點無法改變我的心意，通常只是讓我更加相信自己是一群網路白痴當中唯一正常的人。

將所有責任歸咎於科技巨頭並不公允，因為許多現象來自人性弱點，而非科技缺失。科技確實加速放大弱點，但真正需要負責的是人類。我們也不應該過度浪漫看待網路出現之前的生活。人類永遠追求群聚，政治永遠都造成分裂。在政治的世界，也永遠都有操弄和騙徒。美國前總統杜魯門（Harry Truman）曾經抨擊另外一位前總統尼克森（Richard Nixon），批評尼克森是「毫無用途的王八蛋騙子，嘴裡嘴

外都是謊言，如果他發現自己說的是真話，就會繼續說謊，讓自己在政治圈繼續生存。」

　　但是，科技巨頭公司確實將人類的心理弱點轉變為新聞消費的結構特色，藉此大發利市。他們的動機有時候直接牴觸民主需求，因為民主需要人民獲得正確資訊，並且汲取廣泛的準確資訊來源和觀念。所有的社群媒體平臺都堅持，他們是「平臺」，不是「出版商」，這代表他們和新聞報紙不同，在法律上不必因為平臺內容而負責。這種法律保護（也就是歐盟法律所說的「單純連線服務」免責條款）對於臉書和 YouTube 等公司極度重要。如果沒有這項條款，他們就要審核使用者上傳到網站的數十億種內容。因此，他們不願介入處理造成分裂或誤導的媒體內容，否則立法相關單位就會認定他們的行為是出版商，並且要求他們符合出版法律。他們沒有任何逃脫這種困境的簡單方法。

　　但是，刻意保持中性立場就是一種策略。社群媒體上的一切依然經過遴選和組織，通常這過程是藉由神祕的演算法，而不是人力編輯。演算法的目標是讓使用者接觸他們可能點讚的內容，創造更多廣告商機。舉例而言，Youtube 的「隨後播放」影片是經由難以想像的複雜統計分析，選出最有可能讓使用者繼續收看的內容。根據替YouTube設計推薦

引擎的人工智能專家吉永‧雀斯洛（Guillaume Chaslot）表示，該演算法並非推薦最正確真實的內容——而是增加使用者的收看時間。他近來接受《衛報》專訪時表示，「其他條件都被視為使用者分心的原因。」[17]

　　社群媒體平臺的「非自願決策的決定」具備相當重大的意義，因為，即使輕微的認同偏差，都可能創造自我永續認同的循環。舉例而言，如果你點閱左翼政治立場的文章連結。演算法就會將這個行為詮釋為你正在表達自己對左翼政治觀點的興趣，而決定讓你接觸更多相關內容。既然眼前出現了另外一些同類型的選項，你很有可能再度點閱——也就被詮釋為另外一次的興趣訊號。雀斯洛離開 YouTube 之後進行了另外一次的研究，發現 YouTube 有系統地強化引發分裂的影片點閱率，雖然 YouTube 不承認這點。坦白說，科技產業的朋友沒有人喜歡這種現象：在過去數十年來，大多數的科技人已經發現這是一個嚴重的問題，也承諾要改正。但是，問題的癥結在於，沒有人刻意讓演算法設計為煽動群眾——而是人類喜歡觀賞尖銳粗暴影片的習性，造成數學的自然計算結果。這是一種鏡像反應，也放大效果：大數據增強廣大回應的循環。我們提供瀏覽數據，演算法的計算結果繼續增強傾向。報紙新聞總是利用粗暴且煽動人心的報導內

容，因為他們早已知道演算法近年來才發現的人類嗜好。然而，兩者的差距在於，對於自己的印刷報導內容，報紙必須負起責任，公民也會知道報紙新聞追求銷路的編輯立場。我們以為演算法是中性的，無法負責——即使光是 Youtube 的演算法就能形成 15 億使用者的觀看喜好，勝過全球所有報紙新聞的總和。

狂人川普：新生代民粹主義之星

1960 年 9 月 26 日永遠改變了政治。當天夜晚，在一場眾所矚目的總統辯論會中，知名度相對較低的候選人參議員約翰·甘迺迪（John Kennedy）擺好架式，準備對抗現任副總統尼克森。廣播聽眾認為尼克森贏得辯論。但這是歷史上第一次電視轉播的總統辯論會——在 1960 年，88% 的美國人擁有電視，十年之前，擁有電視的人口只有 10%。和廣播聽眾不同，收看電視轉播的百萬名觀眾相信年輕力壯的甘迺迪教訓了臉色蒼白、滿身大汗的尼克森。隔天清晨，甘迺迪成為全美明星——最後贏得總統大選。從此刻開始，「適合電視廣播」也成了政治成功的必要條件。

雖然緩慢且不完美，但政治領袖確實會進化，適應他們

接觸群眾的媒介。最新的案例，同時也是第一位貨真價實來自社群媒體時代的政治人物，就是推特上癮的世界級簡化專家川普。他是新生代民粹主義浪潮的領銜主演明星，而這群人發現網路就是他們政治觀念的天啟，包括奈傑·法拉吉（Nigel Farage）、伯尼·桑德斯、荷蘭反伊斯蘭教政治領袖海爾特·懷爾德斯（Geert Wilders）、義大利喜劇演員和五星運動組織的創辦人畢普·葛里洛（Beppe Grillo）。有些人主張左翼政治立場，另外一些人屬於右翼，但他們全都是「系統一」領袖，承諾用簡單的答案處理複雜的問題，獲得群眾支持。川普是一位強人，也是仰賴粗暴風格的部族領袖。他提供迅速、即刻，而且能夠全面解決問題的答案：所有的錯誤都來自官僚系統、尋求政治正確的媒體、法官，以及移民。他向選民承諾自己可以從複雜的世界中，替人民找到迅速且全面的答案。更重要的是，他在混亂、不安且資訊超載的數位世界中，提供部族歸屬感。他是上述幾頁討論所有問題的人類化身。或許，日趨惡化的不平等和全球化現象，將無可避免創造特定型態的政治反作用衰退，而其型態反應了我們的媒體現象。

　　漢娜·顎蘭（Hannah Arendt）在鉅作《極權主義的起源》（*The Origins of Totalitarianism*）中，警告世人，如果

公民宛如經歷暴風雨的海中浮木，不知道自己應該相信或信任什麼，他們很容易受到蠱惑人心的政治煽動家影響。她在1950年代書寫《極權主義的起源》時，無法想像數位科技世界，但鄂蘭一定可以發現失去方向且認同混亂的群眾要求一位部族領袖崛起，在紛亂的世界中創造秩序，在複雜的環境中奠定化繁為簡的規則，並且提供歸屬感。縱使這個時代已經沒有服從效應，但在某些特定地區，仍有嶄新浮現的英雄崇拜和完全領導忠誠。我們真的需要為此驚訝嗎？也許，我們都在等待眾望所歸的領導者拯救我們，也願意宣示毋庸置疑的擁護和忠心。

　　如果你曾經仔細聆聽川普的支持者，就會察覺一股極為明確的感受，他——川普本人——乃是前來拯救他們免於世界各個部族威脅的領袖：自由派的威脅、穆斯林的威脅、墨西哥的威脅，以及主流媒體的威脅。我們必須思考，川普提議建造的國境大牆、旅遊禁令與嚴格的入境審查可能不只是阻絕敵人部族的單純手段。即使是競爭對手，也私下著迷於川普，我甚至懷疑許多競爭對手仰慕川普的缺點。「每個人都忠於自己的團體。」一位來自長島的家庭主婦在2016年年中向《紐約時報》表示：「所以白人也必須如此。」[18]這種想法屬於部族政治，但規模更大。盲目忠於某個人，相信

他的權力,不在乎真相,渴望特定的團體應該彼此忠誠。事實上,美國大選之後的幾項研究報告也發現,白人認同和投票支持川普之間有非常強的關聯。[19] 影響力甚深的另類右翼領袖理察·史賓塞(Richard Spencer)總結如下:「只要白人繼續避免且否認自己的族群認同,等到其他種族和族群重新主張自己的認同,白人別無選擇,無法抗拒自己遭到剝奪。」

如果媒體傳遞這樣的訊息,我們是否可以避免趨近極端的「系統一」政治世界?當然可以。法律、規範或教育都有幫助。然而,到頭來,改變自己對政治差異的理解才是真正的解決之道。1861 年,亞伯拉罕·林肯(Abraham Lincoln)當選美國總統之後,任命共和黨初選的諸位對手擔任內閣要職。林肯知道,他的對手也是一群才華洋溢的人,能夠提出寬廣的意見,精進自己的思緒。桃樂絲·古德溫(Doris Goodwin)在《無敵》(*Team of Rivals*)一書中解釋道,林肯的領導能力鞏固了這個團體。「林肯知道,人與人之間的關係是政治的核心,如果你用正確的方式對待他人,就能有效率的合作。人性的偉大特質——敏銳、同理、同情、仁慈和正直——也是政治成功的關鍵。事情順利,林肯永遠與他

們分享榮譽；倘若結果不盡人意，他承擔所有責任。如果林肯犯錯，他立刻就會承認。他替內閣成員保留時間，所有人都覺得自己可以聯繫他。林肯尊重所有成員，並且公允對待。」這種方法——承認自己的缺點和對手的優點，遵照人類得體適宜的基礎共同合作——可以制衡部族。我們無法等待另外一位林肯，但每個人都能夠在自己的政治生活中，應用這種方法。

　　這種理想需要投入、時間和努力。如果不這麼做，根本不能知道政治究竟能夠沉淪至何等深處，但姑息人民彼此交戰的情緒部族，被詭異的敵人包圍，面對過量的煽動「假事實」，這種政治系統不會有美好的結果。如果妥協和溝通已經損毀，到最後，只有壓迫和暴力能夠解決意見分歧，這就是現在政治世界的發展方向。2016 年 6 月 16 日，湯馬斯・梅爾（Thomas Mair）謀殺英國工黨國會議員喬・考克斯（Jo Cox）。梅爾是新納粹成員，由於考克斯支持歐盟，梅爾指控她「通敵」且「叛國」。即使發生如此悲劇，社會大眾的怒火依然不曾減少。2017 年末，英國公共生活規範委員會（Committee on Standards in Public Life）報導議員候選人正在面對的各種威脅：「可怕且驚人的威脅持續發生，各種暴力行為，包括性暴力和毀損財物」。超過半數接受調查

的議員候選人害怕暴力虐待和威脅——所有在推特上活躍的女性議員也都接到恐嚇威脅。[20]

　　2016年1月，川普在愛荷華州的造勢大會上告訴支持者，他可以「站在紐約第五大道開槍射殺某人……不會損失任何選票。」在情緒超越真相，偏見勝過客觀事實，部族政治壓倒妥協的年代，有一種令人害怕的可能性，川普或許是對的。

第三章

three

數位選戰未來

Software Wars

當演算法駭入總統大選，
數位分析如何改變選舉？

唐納‧川普在2016年總統大選的數位選戰顯示，大數據和精確目標鎖定（micro-target）確實能夠贏得選票。這種數位技術的持續進步，可以改變我們選出的政治人物類型和風格——更重要的是，這種現象代表富裕團體得到更多權力，用我們無法理解的方式，影響選舉。

2016 年 5 月的某個周日下午，泰瑞莎・洪（Theresa Hong）坐在美國德州聖安東尼奧的家中。她是數位溝通專家，也有數年的競選經驗，她的電話響了。

「泰瑞莎，我是布萊德・帕斯凱爾（Brad Parscale），我想請妳寫文章。」

泰瑞莎與布萊德熟識，他們一樣周遊在聖安東尼奧的公共關係圈。布萊德是來自堪薩斯的成功科技企業家。1990 年代晚期，大學畢業之後，布萊德一直住在聖安東尼奧，發展數位科技事業數年。布萊德在 2010 年接獲邀請，替川普架設不動產事業的網站，而布萊德的忠誠和努力，也讓川普印象深刻。[1] 川普宣布投入共和黨黨內初選時，也招募布萊德替他經營數位選戰。雖然共和黨要到 2016 年 6 月才會舉辦初選，但 4 月下旬時，事態已經非常明確，川普將成為共和黨提名人，而布萊德也會進入美國總統大選選戰。

布萊德和泰瑞莎的共同點不只是職業和右傾政治立場。兩人的年紀都是四十出頭，有些龐克風格。泰瑞莎的手臂有刺青，布萊德蓄山羊鬍。更重要的是，他們都是工作狂，即使在周日下午仍繼續回覆工作訊息。

「沒問題，何時截稿？」她一邊回答，一邊吃下辣味肉餡玉米捲餅。

　　「周一晚上或周二。我們要撰寫數位選戰計畫。」[2]

　　現在所有的選戰都有「數位選戰計畫」。「數位選戰計畫」是一種行話，意指所有的科技大老、內容創作者、精準投遞廣告，以及令人瞠目結舌的大量數據，已然成為所有選戰的核心特色。我們永遠不會放棄親自登門拉票（Door-to-door canvassing），研究發現這種方法依然是最有效率的拉票手段，但也沒有任何一位認真競選的候選人會捨棄數位選戰。布萊德的計畫是創造歷史上最仰賴數據的選戰：將矽谷哲學應用至政治，捨棄本能和直覺，採用測試、精準測量，追求科學準確度。布萊德很清楚，比起可能的競爭對手，也就是難以戰勝的柯林頓家族，他們的募款數字不會太高，媒體和華盛頓首都圈知識分子的支持也會更少。他決定用數據「駭」入總統大選。[3]

　　一旦確定共和黨提名川普——並且完成正式文件作業之後，布萊德的團隊立刻在聖安東尼奧一間平凡的辦公大樓設置辦公室，就在交通繁忙的交流道旁，刻意遠離鎂光燈焦點。布萊德負責向主導選戰的傑瑞德·庫許納（Jared Kushner）提出報告。「一開始，辦公室只有四個人，布萊德會說：『弄點酷玩意兒。』」泰瑞莎事後回憶道。他們的辦公室急速發展，很快就開始使用辦公室大樓三樓的所有空

間，甚至在寬大的空房間放置自助餐桌。[4] 共和黨的重量級人物也進駐了，包括蓋瑞・柯比（Gary Coby），共和黨全國代表大會（Republican National Convention; RNC）的廣告主管，以及英國數據分析公司「劍橋分析」（Cambridge Analytica）派出十三名工作人員，由產品經理、綽號「歐茲」的馬特・歐克茲柯威斯基（Matt Oczkowski）所領導。歐茲身材壯碩，擁有驚人的二頭肌，習慣帶著高爾夫球桿在辦公室漫步。「歐茲是我認識最聰明的一位王八蛋。」泰瑞莎如此描述此人。[5] 這個部門很快就變成眾人熟知的「阿拉莫計畫」（Project Alamo），選戰白熱化之後，一百多名員工，不眠不休，依賴披薩和胡椒博士碳酸飲料，持續在網路上向數百萬名美國人推廣支持川普的訊息內容。2016年的美國總統大選是人類有記憶以來最詭異的選舉，他們就是不被看見的前線人員。這不是一場選舉，而是　場資訊戰爭。

阿拉莫計畫：讓川普當選

　　以數據為導向的選舉策略，遠早於網路之前——美國共和黨向來自豪在 1890 年代，他們早已擁有一張完整的選民郵遞清單，詳細記載人名、地址和年紀。[6] 但是，隨著我們

走入網路，選戰如影隨形。數十年來，各個政黨藉由使用者的購物數據、網路瀏覽紀錄與投票紀錄，建立細節日漸明確的觀察能力，協助定位目標群眾和傳遞訊息。舉例而言，2008年，歐巴馬（Barack Obama）的分析師在各州創造雙元分數，預測選民的投票意願，以及他們是否願意支持歐巴馬。[7] 希拉蕊‧柯林頓（Hillary Clinton）也有一套極為複雜的網路選民定位目標系統。[8] 每次選舉都是一場小型軍備競賽。2016 年美國總統大選，共和黨尋求劍橋分析公司的奧援，希望獲得優勢。

　　共和黨選擇劍橋分析公司並非偶然。億萬富翁企業家羅伯‧默瑟（Robert Mercer）擁有該公司絕大多數的股分。默瑟是川普的支持者，也是一位知名的避世工程師。他在以紐約為大本營的對沖基金公司「文藝復興科技公司」（Renaissance Technologies）擔任共同執行長時賺進一筆財富。文藝復興科技公司使用大數據和複雜的演算法，預測全球市場趨勢並且投資下注。在他們的世界，即使只是微小的利潤，這兒或那兒擠出不到百分之一的獲利空間，就能創造相當可觀的收益。2013 年，策略溝通實驗室（Strategic Communications Laboratory；縮寫為 SCL）設置了劍橋分析分公司。策略溝通實驗室這間公司擁有極為深厚的品牌營造

和公共輿論影響經驗，專長是軍事和情報心理策略，也就是俗稱的「心理戰」（psy-ops）——例如說服年輕人不要加入基地組織。他們想要釐清如何將上述技術應用至政治世界——特別著重於幫助共和黨，因為默瑟認為，共和黨的數位競選策略遠遠落後於民主黨。[9] 默瑟投資大量金錢在這間新公司，因為劍橋分析公司也是川普緊密支持網絡的一環：史帝夫・班農（Steven Bannon），直到最近才卸任布萊巴特新聞網的老闆職位，也是川普的首席策略師。班農加入川普行政內閣團隊之前，一直都是劍橋分析公司的董事會成員。

　　從孕育之初，劍橋分析公司就遵循默瑟的經營聖經。他們在 2 億 3 千萬左右的美國人口中，每個人建立高達 5,000 個數據點，有些數據直接購買自商業來源——例如網頁瀏覽紀錄、消費紀錄、收入、投票紀錄、擁車狀況等等——另外一些數據來自臉書和電話調查。[10] 一開始，這些數據原本是泰德・克魯茲（Ted Cruz）用於參加共和黨提名初選，但克魯茲敗選之後，劍橋公司投向川普。他們將數據帶入阿拉莫計畫，共和黨全國代表大會也將自己的巨大數據庫——也就是我們所知道的「投票者寶庫」——投入計畫，發揮效果。

　　劍橋分析公司在阿拉莫計畫的主要角色，就是將數據用

於打造他們所謂的「領域範圍族群」（universe）。❶每一個「領域範圍族群」都是川普競選的關鍵目標，例如從未投票的美國母親，她們擔憂孩童照護議題；支持合法擁有槍枝的美國中西部居民；擔心國家安全議題的拉丁美洲裔公民等等。劍橋分析公司創造了數十種高度聚焦的「領域範圍族群」——按照他們「能夠接受說服」的程度進行區分。使用消費習慣或網頁瀏覽紀錄進行上述分類，雖然看似詭異，但正如我在第一章所述，這就是大數據的運作方式。只要有足夠的數據，你可以用驚人的縝密細節描述一個人。舉例而言，劍橋分析公司在選戰期間發現，喜歡美國國產汽車通常是川普潛在支持者的強力指標。[11]因此，如果消費數據顯示某人最近購買福特汽車，但共和黨全國代表大會的數據發現他們已經多年未投票，他們就會被列為高度可說服目標。

　　阿拉莫計畫的一切都根據數據，泰半數據圍繞著「領域範圍族群」。美國總統大選採用選舉人團制度（electoral college system）——根據人口規模，每個州都擁有相對應的

---

❶ 我們無法詳細得知劍橋分析公司的「領域範圍族群」使用哪些數據——劍橋分析公司自己的數據占了多少比例，哪些又是共和黨全國代表大會的數據。根據帕斯凱爾的說法，劍橋分析公司提供的數據，都是該公司分析其他數據之後的結果。

選舉人票，贏下該州選票的候選人，可以獲得該州所有的選舉人票。想要成為美國總統，候選人必須獲得 270 張選舉人票。阿拉莫計畫的分析師在 16 個戰況激烈的州找到 1,350 萬名可說服的選民，建立模型分析獲得何種選民組合的支持，就能贏得獲勝票數。[12] 以此為基礎，阿拉莫計畫使用電腦計算的競選儀表板，提出造勢地點、拜訪哪戶人家，又應該直接向哪戶人家寄送電子研究、信函和播放電視廣告。

　　阿拉莫計畫最大的房間稱為「牛棚」，這裡是泰瑞莎和旗下「創意工作者」的工作地點。泰瑞莎的工作時間主要用於設計，與她相似的人稱此為「創作內容」。馬特・歐克茲柯威斯基讓泰瑞莎知道每個領域範圍族群在乎的關鍵，由她替群眾「量身訂製」內容。「數據決定內容，這是相當好的緊密結合。」泰瑞莎後來回憶道。阿拉莫計畫持續測試自己傳遞的訊息。蕭瑞・柯比送出多種募款電子郵件以及上千種版本的臉書廣告，迅速找出何者成果最好。他們也測試使用紅色募款按鈕、綠色募款按鈕與黃色募款按鈕的網頁設計。他們甚至測驗使用什麼照片損害希拉蕊的形象才能獲得最好成效。[13]

　　2017 年，我為了籌備 BBC 紀錄片《矽谷的祕密》（*The Secrets of Silicon*）拜訪阿拉莫計畫，採訪泰瑞莎。時值德州

仲夏，炎熱的程度難以描述。我搭機抵達拉斯近郊，驅車三個小時前往聖安東尼奧，看見泰瑞莎站在平凡高聳的辦公室大樓門外等候，位置就在車水馬龍的交流道旁。泰瑞莎表示，我是第一位獲得內部採訪許可的新聞工作者，雖然當時辦公室已經幾乎完全清空了。泰瑞莎帶我走過一間又一間空蕩的房間，回憶選戰期間的徹夜工作。導覽完成之後，她拿出筆記型電腦，讓我觀賞她設計之後發送給全世界的幾則廣告內容。其中一則廣告，她瞄準劍橋分析公司定義的「擔憂孩童照顧議題的有職母親」領域範圍族群。內容是常見的手法──柔軟的敘事聲，畫面呈現快樂但憂心忡忡的家庭生活，文字訊息則是川普和你一樣擔心。但川普本人並未出現在廣告中。「溫暖且模糊不清的廣告。」泰瑞莎表示，「我們希望用更柔和的方式接近這群目標群眾。」面對其他領域範圍族群時，川普則站在畫面中央前方。

跟隨英國脫歐的成功模式

真相是：劍橋分析只是提供數據分析服務的其中一間公司──幾乎所有的政黨都已經選擇使用這種技術。持續不懈的選舉軍備競賽使用複雜的大數據技術，而且不會停下腳

步。現在的所有選舉都在用這種方式進行數據化——委託私人經營的數據跟隨分析師和承包商的網絡進行策略性的訊息擴散，他們向全球政黨提供技術服務。舉例而言，川普勝選的三個月前，協助英國脫離歐盟的選戰團隊也採用了相當類似的方法。英國脫歐公投複決之後的幾個月，脫歐陣營的總監多明尼克·康明斯（Dominic Cummings）寫了數則大篇幅的部落格文章，解釋他們獲勝的原因。雖然他在文章中否認任何單一的「因素」，但他顯然認為數據是關鍵指標：

　　我們的其中一個核心理念，就是選戰必須深入從未探索的數據領域，包括（一）整合社群媒體、網路廣告、網頁、應用程式、登門拜訪、直接傳遞郵件、民調、線上募款、行動者回應，以及我們嘗試的其他新型民調方法……（二）聘請物理學家和人工智能學習專家，只有他們可以用正確的數據科學方式工作——超乎一般選戰的技巧水準。我們是英國第一群幾乎將所有資金投入數位溝通的選舉團隊，選戰內容也部分交給一群原本任職於量子資訊領域的團隊成員……如果你希望大幅改善選民溝通，我的建議如下：聘請物理學家，而不是一般公司的溝通專家。

康明斯和布萊德一樣，他用物理學家、數據創新，以及持續測試廣告和訊息內容，將英國脫歐打造為矽谷的新創公司。其中一個特別聰明的舉動，就是要求民眾猜測 2016 歐洲國家盃足球賽的賽事結果，只要答對 51 場的全部結果，就有機會贏得 5 千萬英鎊大獎，藉此獲得民眾的電話號碼、電子郵件、居住地址，以及從 1-5 分評比自己投票支持英國留在歐盟的可能[14]。當然，這些數據都會進入分析模型中。

康明斯預估，他們在英國脫歐選戰中花費 10 億左右的廣告預算，大多是投放在臉書（他們用 270 萬英鎊聘請 AggregateIQ 公司，專長為臉書廣告精準投遞）。正如川普陣營，康明斯團隊也使用不同版本的廣告，使用互動型臉書回應系統測試結果。❷[15]

數據的演化不曾停止。2017 年英國普選，工黨採用不同的途徑，雖然整體目標——改變資訊環境——保持不變。[16]柯賓的支持者放棄購買廣告，而是自行撰寫大量的「有機」內容，在緊密連結的網絡團體分享，這代表他們的訊息（由

---

❷ 卡蘿兒‧卡瓦拉德爾（Carole Cadwalladr）在《衛報》上刊登數則長篇專欄文章，探討劍橋分析公司，並且推測該公司在脫歐活動中有非法行為——劍橋分析公司否認該指控，目前進入訴訟程序。筆者寫書的當下，英國資訊專員辦公室（Information Commissioner's Office; ICO）正在調查劍橋公司是否將數據分析用於政治用途，也讓事態更為複雜。

真正的人製作的真實事物）可以觸及更多人，而且比其他曝光方式更有說服力。此外，左翼「另類新聞」傳播也出現了新的生態系統，廣泛分享極度支持柯賓的報導。柯賓與饒舌歌手 Jme 共進早午餐，還使用了 Snapchat 應用程式——這絕對不可能是他自己想到的造勢方法。在工黨推出的影片中，其中一則的標題為「爸爸，你為什麼恨我？」，主題是小女孩與父親在 2030 年的虛構對話，探討父親當年為何投票支持泰瑞莎‧梅依（Theresa May），內容情緒化、傳播不實資訊，令人做噁，且有攻擊言論之嫌——在兩天之內，獲得數百萬次點閱。

　　工黨同樣仰賴技術工作人員，低調但有效率地使用數據分析模型，找出潛在的支持者，再用選舉訊息進行測試。[17]工黨內部使用的工具為 Promote，意思是「促進選民支持」。這個工具結合臉書資訊和工黨的選民數據，讓資深的拉票人員向那些能夠說服的右翼選民發送符合當地條件的訊息。[18]

　　理解這些戰略能夠如此有效的關鍵，早在幾年前昭然若揭，幾乎是因為一場意外。在 2012 年美國總統大選期間，數百萬選民在臉書上讓全世界知道他們正在進行一場小型公民運動，貼文表示「我已投票」（I Voted）。臉書公司讓可能實際投票的使用者都能看見這些貼文——事實上，臉書或

許促進了 34 萬人參與投票。請讀者朋友記得，2000 年的美國總統大選以 537 票之差決定勝負——倘若臉書讓佛羅里達的民主黨潛在支持者看見「我已投票」貼文，很有可能扭轉乾坤。在美國行為和科技研究所（American Institute for Behaviorual Research and Technology）任職的羅伯・艾普斯坦（Robert Epstein）認為，根據全球各國進行國家選舉的勝負差距，研究結果顯示谷歌對選民投票行為的影響最多「可達 25%」。[19] 沒有證據支持臉書或谷歌曾經或刻意從事如此行為——但確實足以彰顯，控制資訊者擁有巨大的權力，即使網路環境產生微小的變化，也有關鍵影響力。

　　如果您不曾留意，臉書其實是高效率傳遞廣告的機制，因為臉書可以精準找出目標用戶。內行人都非常清楚，其中一個技術就是「類似受眾」（Lookalike Audiences）。[20] 柯賓和投票支持英國脫歐的競選行動都重度仰賴臉書作為觸及受眾的方法。[21] 但是他們比不上布萊德・帕斯凱爾在川普選戰的淋漓盡致。川普競選時，阿拉莫計畫光是在臉書支出大約就有 7,000 萬美元的廣告費用，一天刊登數百則廣告，每一種廣告都有數千種版本，持續修改內容，確定哪一種版本的效果最好。[22] 2017 年 10 月，布萊德接受哥倫比亞廣播公司（CBS）電視網採訪時表示，臉書確實發揮影響力，讓他可

以觸及過去無法聯繫的選民。「臉書讓我們完成電視廣告無法企及的成果。」

我自己也曾經使用臉書廣告。2010 年，我委託臉書將廣告投遞至歐洲激進右翼政黨支持者，請他們替我當時服務的研究組織迪蒙斯填寫問卷，但事情並不太容易。有時候，花費鉅款的大客戶才可以直接得到臉書協助。布萊德在 CBS 的《60分鐘》（60 Minutes）採訪說明，一開始，他以電子郵件詢問臉書和谷歌，請他們派駐員工——甚至堅持員工必須是共和黨黨員。「我希望知道臉書和谷歌的所有祕密按鈕與點閱計算。」布萊德告訴那些員工：「我要知道你們告訴希拉蕊陣營的一切，還有其他事宜。」臉書和谷歌的借調員工在阿拉莫計畫辦公室，與劍橋分析公司並肩作戰，他們的職責就是確保川普的開銷物有所值。我知道此事，是因為泰瑞莎指出他們的座位，並且大力讚譽他們。「（臉書）讓我們獲得最高級待遇。」我們在辦公室散步時，泰瑞莎說：「他們是事必躬親的合作夥伴，令社群媒體平臺發揮最大功能。」[23]

透過泰瑞莎，我知道社群媒體平臺的員工（而且是與川普陣營擁有相同政治立場的員工）直接協助他們，我非常驚訝，但或許我不該大驚小怪。到現在，我們早已清楚複雜的

「小甜餅」❸和追蹤軟體在網路上跟隨我們的足跡。但是，小甜餅的用途不只是提供假日旅遊、化妝品或牛仔褲的大量廣告資訊，也能夠輕而易舉地用於宣傳特定政黨。我們在不自覺且非自願的情況下，被執迷於「網站點閱率」與「數據轉化」的聰明數據分析師，丟入「數據群」或「領域範圍族群」中。選戰陣營的管理者認為我們就是「標靶」，投遞他們想要傳播的政治內容。我們曾經稱呼這種類型的事物是「政治宣傳」，現在我們則說「使用可量化的數據進行說服溝通的行為途徑」，並且讚賞這個領域的佼佼者。24

　　比起任何一場選舉更重要的是，這種技術如何持續演化進步，即將改變我們如何制定政治決策，選出何種候選人，甚至決定選舉是否真正的公平自由。

　　現代大型政黨的主軸就是提出綱領──以群眾的廣泛訴求為基礎，才能建立最寬闊的結盟關係。這點非常重要，正如社會科學家法蘭西斯・福山（Francis Fukuyama）在《政

---

❸ 小甜餅（cookies），在網路上通常直接以英文表示，cookie（單數型態）的檔案類型是小型文字檔案，是網站為了辨別用戶身分，而儲存在客戶端的數據，用途是讓用戶每次瀏覽網站時，能夠讀取 cookie 檔案，讓網站不需要每一次都重新建立用戶的狀況，例如，購物網站可以讀取 cookie，知道客戶方才的購物清單，當客戶增加新的購物品項，只要將數據新增至 cookie 中即可。cookie 的應用方式當然也引起資訊安全的疑慮，所以許多網站會在用戶開始瀏覽之前，詢問使用 cookie 的意願。

治秩序的起源》（*Political Order and Political Decay*）中的主張，提出廣泛綱領的政黨，能夠包容公民的多元利益，建構集體組織並且形成政策。另外一種選擇則是具爭議或分歧性的特定利益團體（但是，這種團體也協助公民接納選舉失敗，因為他們知道自己下一次可能就會獲勝）。[25]

然而，大數據指向更個人化的模式：找出每個人的真實身分，發現他們在乎的事物，並且投入所有資源。政治世界一直都在使用說服廣告——各位讀者是否記得《工黨無用》（Labour isn't Working）廣告？❹——但是，現代的選戰不再向百萬選民送出大型廣告，而是讓特定選民收到精準廣告，根據選民在乎的事物，每種廣告提供特定的承諾和保障。

因為科技深入觸及民眾生活，才會產生這種激進改變。每個人都應該獲得相同的訊息——或者知道其他人收到何種

---

❹ 《工黨無用》廣告，源於 1979 年的英國，當時，英國歷經 1978 年的「不滿之冬」（Winter of Discontent；語出莎翁作品《理察三世》開場白），工會團體和時任英國首相的詹姆斯·卡拉漢（James Callaghan）（工黨籍）決裂，爆發連續罷工事件。保守黨黨魁柴契爾夫人發表演說，明言限制工會權力。保守黨聘請廣告公司推出《工黨無用》廣告，央請選民想起去年冬日的慘況，將所有責任歸咎於工黨，終於在 1979 年 5 月的普選獲勝，柴契爾也成為英國史上第一位女性首相。工黨直到 1997 年才由布萊爾（Tony Blair）奪回執政權。

資訊，這是非常重要的原則，也是我們深入探索且解決當前議題的方法。倘若人人各自收到個人化訊息，就無法建立公共辯論──只有數百萬種私人資訊。除了限縮政治爭辯的空間（研究顯示，如果沒有公共辯論空間，候選人更傾向於訴諸偏激議題），也會減少政治責任。極度個人化的政治世界，讓政治人物更有動力針對不同的「領域範圍族群」，提出不同的保證。根據目前的廣告科技主流趨勢，近十年之內，同一位候選人可以讓每位選民接收完全不同的獨特個人化廣告。但是，如果沒有一組清晰明確的原則，讓我們一目了然，我們如何要求政治人物負責？我們又要怎麼確認自己認識真正的川普？拜訪阿拉莫計畫的時候，泰瑞莎告訴我，**她**在川普的臉書上張貼了許多文章。我覺得很詭異。我總認為是川普自己撰寫那些貼文。我讀過許多則川普的文章，內容看起來就像他自己的手筆。不，作者是坐在聖安東尼奧辦公室的泰瑞莎。「我讓川普上身。」她笑著說。「妳如何讓川普這種人上身？」我問。「使用許多『相信我』、許多『還有』、許多『非常』……替他寫文章很神奇，耳目一新，而且非常真實。」泰瑞莎似乎無法明白其中的諷刺之處。

　　個人化的廣告訊息當然也會導致管制問題。由於廣告內

容如此個人化，傳遞給獨一無二的使用者，難以查核內容是否屬實。英國法律規定候選人不能捏造彼此的假新聞。但是臉書允許使用者張貼所謂的「隱藏貼文」——非公開文章，只有特定標定的使用者可以閱讀，不可能控制這些貼文的內容品質。[26]

未來政治的前進方向

所有的政黨瘋狂想要獲得優勢，倉促採用最新科技，卻鮮少考慮新科技將我們帶往何方。幾位新聞記者——包括我自己——都有些在意阿拉莫計畫是否使用一種特定的精確目標鎖定技術，也就是我們所熟知的「心理變數」（psychographics）。這就是柯辛斯基在本書第一章向我展現的內容：釐清民眾的人格特質，據此設計廣告內容。劍橋分析公司過去曾經使用這種技術，宣稱可以準確預測美國所有成年人的性格類型。他們曾經在泰德・克魯茲競選時使用這個技術，雖然無從得知效果如何。[27] 然而，2018年3月，一位曾經在劍橋分析公司服務的員工成為「吹哨者」，向《觀察家報》揭露，劍橋分析公司用不正當的方法取得臉書數據，建構該公司的強力數據分析組。這則消息引起宣然大

波，成為數日以來的媒體頭版焦點，英國資訊專員辦公室申請搜查令，希望檢查劍橋分析公司的數據庫，臉書也因而損失數十億美元的價值。[28]

從聖安東尼奧回來之後，我成功採訪劍橋分析公司的執行長亞歷山大・尼克斯（Alexander Nix）。我走進位於倫敦市中心的平凡辦公大樓——除了科技公司之外，所有公司的辦公室外表都很正常——立刻發現川普的裱框照片，以及美國知名民調專家法蘭克・盧茲（Frank Luntz）的銘言：「除了劍橋分析公司之外，沒有人是專家。他們是川普的數位競選團隊，專注於找出獲勝的方法。」整排的員工坐著，緊盯螢幕，他們是專案管理人、資訊科技專家，以及數據科學家。[29]尼克斯的辦公室採用透明玻璃牆，其中一個書櫃擺放英國獨立黨資助者亞倫・班克斯（Arron Banks）撰寫的《英國脫歐壞男孩》（*The Bad Boys of Brexit*）以及約翰・方德（John Fund）的《偷竊選舉》（*Stealing Elections*）。尼克斯似乎非常滿意新科技，更表示精確目標鎖定行銷才剛開始，也是未來競選的主軸。「選舉會經歷一場典範轉移……這就是世界的前進方向。」我詢問尼克斯是否在川普選戰中應用心理變數技術，他否認。布萊德・帕斯凱爾接受美國電視節目《60 分鐘》採訪時也否認。[30]劍橋分析公司也強烈

否認他們非法獲取臉書資料，或在沒有適當許可的情況下使用臉書資料的指控。

　　我理解為什麼他們對於「心理變數」技術如此緊張，因為這個技術讓人覺得充滿「操控」性質。除此之外，也因為數據的蒐集和使用方式不符合法律和倫理規範。但是，從特定角度而言，我們反而因此失焦。我甚至不認為心理變數技術真的有用——我不曾看見任何有說服力的證據顯示，心理變數技術確實改變川普的選舉結果，或者在政治廣告領域中發揮作用。有些社會運動者——近來的政治事件讓他們非常不快樂或心煩意亂——利用這個醜聞，想要貶抑選舉結果。事實上，這種想法錯過真正關鍵的大圖像：心理變數是劍橋分析等等公司理解人類內心想法的方法，而不是獨特的技術。❺畢竟，我們早就能夠想像使用「網路數據」可以創造

---

❺ 「你們在川普競選時曾經使用心理變數技術嗎？」採訪時，我詢問尼克斯。「不，我們沒時間。」尼克斯回答，並且補充説明：「我們替川普選戰建立特別的心理變數分析模型嗎？當然沒有。」我繼續追問，他到最後才勉強承認，川普的競選團隊確實應用了克魯茲團隊的「遺產」。「我們使用先前接收的模型，進行整合。」我現在依然不清楚尼克斯的言下之意。我能提供最好的結論，就是川普團隊的數據點——大約是 2 億 5 千萬人，每人 5,000 個數據點——已經變得過於複雜，即使劍橋分析公司也無法輕易釐清來源。他們或許沒有量身訂製所有廣告內容，但數據確實應用選民的個人特質。我認為這是相當好的獨家消息，其他深入探索相關議題的新聞記者則相信這是一大進展。

何種個人化的精準廣告投遞。現在已經有許多報導討論連結
網路的各種裝置可能造成安全問題——例如冰箱或者嬰兒監
控螢幕遭駭。但請想像每日生活的數據爆炸可以對政治選舉
創造何種影響，例如，十年之內，你的冰箱知道你的用餐時
間，你的汽車知道你造訪何處，而你的家庭助理裝置可以從
你的語調得知你的憤怒程度。我可以保證，政治分析師必定
會飢腸轆轆地吃下這些數據。比對冰箱數據和臉書情緒用語
字數，劍橋分析或其他公司就可以知道，你飢餓時容易動
怒。更進一步的分析能夠計算，憤怒的人更傾向於投票支持
「主張嚴刑峻法的候選人」。冰箱的數據、智慧型汽車的數
據、工作行事曆數據，加上臉書數據，你的智慧型電視也會
進行個人化管理，在你開始覺得飢餓時，立刻播放與犯罪管
制有關的廣告。[31]

　　我不知道這個發展方向的盡頭在何處。或許，幾年之
後，你在虛擬實境的天堂放鬆時，川普外型的機器人就會出
現，而且知道如何觸動你的情緒開關。

　　從長期而言，持續的交互測試和精準廣告投遞，可能會
鼓勵另外一種**類型**的政治人物出現，因為這種發展將政治轉
變為仰賴觸動和刺激的行為科學，而不是公開辯論。❻[32] 我
們可以合理假設，這種方法也會協助可以彈性適應的政治人

物,他們懂得聞風起舞,提出數百種相互矛盾的主張,在適當的情境改變立場,因為這才能創造更多內容,讓泰瑞莎可以包裝「賣給」選民。[33] 或許,未來的政治人物就是觀念最少、最善於迴避承諾而且價值空虛的人物。我可以想像競選團隊要求候選人事先錄製數百種自相矛盾的訊息,面對不同的聽眾,提出不同的訊息。倘若所有選民都只是數據點,他們接受的不是候選人本身的想法,而是電腦計算的完美廣告,進行精緻調整,適合選民的個性與心情,演算法甚至能夠自動重複進化改善,不必刻意與選民互動——選舉就會變成軟體大戰。

但是,政治變成聰明的分析和刺激,不再是論述之後,權力就會逐漸偏向提出好主意,以及握有大量數據和充沛資金的人。

資訊戰爭

事情演變到後來,原來阿拉莫計畫只是更大謎題其中的一小塊拼圖,擁有影響力的人爭奪建構民眾現實生活的權

---

❻ 有趣的是,研究顯示某些候選人更傾向於訴諸公共討論風氣低落的議題——代表這種技術可以創造更極端的對立。

力。羅伯・默瑟也投資了布萊巴特新聞網——我能想到最好的形容方式，布萊巴特就是右翼的《哈芬登郵報》，專長是譴責自由派、邪惡的穆斯林，以及「主流媒體」——布萊巴特新聞網也成為極具影響力的反柯林頓陣營和支持川普陣營的新聞來源。

根據研究人員喬納森・歐布萊特（Jonathan Albright）的說法，美國選舉已經被「個人化精準投遞的宣傳機器」所控制，這是一種網絡，由數千個網頁構成，用激進右翼的超連結相互聯繫，散布「錯誤、極度偏見而且充滿政治意義的資訊」。許多網頁甚至使用進階追蹤的小甜餅技術，在網路上跟蹤使用者，以及進階綱領廣告投遞技術，還有人工智能生產的最佳化內容，用充滿陰謀論色彩的理論，滿足那些渴望得到相關資訊的民眾。[34]

事態已經愈來愈明確，俄羅斯總統普丁（Vladimir Putin）也參與這場資訊戰爭。多年來，俄羅斯政府知道，巧妙轉化網路媒體的操弄，可以悄悄改變輿論方向，滿足政府的利益——藉此支持全歐洲極左翼和極右翼的政黨，在烏克蘭危機中點燃網路假新聞戰爭。在美國大選期間，俄羅斯政府淋漓盡致發揮這種冷戰情報技術。他們付錢給數千名內容製造者，推廣支持川普或反對希拉蕊的內容，用毫無道理的

煽動推文標籤和回應，淹沒網路世界，造成網路失能。俄羅斯駭客經營規模龐大的臉書專頁，創造川普獲得草根庶民支持的錯覺。據說，他們甚至駭入希拉蕊的私人電子郵件，將內容分享給爆料吹哨網站維基解密——維基解密在選戰過程中，緩慢公開郵件內容，達成「極佳效果」。俄羅斯政府也向臉書和谷歌支付大筆金額，進行相當激進的選戰宣傳。

我不會在本書完全揭露這個故事，因為此案正在調查中（寫書當下，美國政府正在調查川普陣營和俄羅斯政府之間的可能勾結）。❼但是，俄羅斯政府的目標似乎與阿拉莫計畫一致：贏得資訊戰爭，建立民眾認知的現實世界，並且利用網路，以全新且隱匿的方法，潛移默化改變輿論。

重要的是，俄羅斯對美國總統大選的干預方式，並不是永遠支持川普。正如以往，他們的目標是製造更普遍的爭執和歧異。35 2018 年 2 月，佛羅里達州帕克蘭的馬喬里·史東曼·道格拉斯高中發生槍擊事件之後，俄羅斯的機器人帳

---

❼ 推特證實，在美國總統大選前 2 個月，3 萬 6,746 個與俄羅斯有關的機器人帳號（自動推文）總計轉推、發文 140 萬則，瀏覽次數將近 3 億次（其他相關研究認為數字遠高過推特的數據）。這只是俄羅斯。根據牛津網路研究所，支持川普的機器人帳號數量為支持希拉蕊的 5 倍——而且這些推文的時機非常縝密，通常是在議題爭論期間，讓支持川普的推文數量勝過支持希拉蕊者。選舉結束之後，相關帳號立刻停止活動。

號和網路搗亂者開始張貼關於槍枝管制的煽動內容，而且**正反並陳**。在拉斯維加斯槍擊案、美式足球職業聯盟 NFL 抗議事件，以及名人性醜聞爆發之後，也發生同樣的情況。根據美國中央情報局局長麥克・蓬佩奧（Mike Pompeo）的想法，這種情況已經對民主構成「險峻威脅」——不是因為它可能對選舉產生決定性的改變，而是因為它撕裂社會和諧，以及民眾對民主系統的信心。克里姆林宮當局根本不在乎美國法律如何管理槍枝——但如果美國人陷入紛爭，俄羅斯政府就贏了。

俄羅斯政府傳遞假新聞的規模日漸龐大，卻不令人意外。擁有自由媒體、公平選舉以及開放網路的民主政體，相較於封閉的獨裁政權，更容易受到國際紛爭影響（倘若我在下一章對於未來失業的預測是對的，「受薪內容創作者」的工作就是影響網路輿論，這種工作會變得非常搶手）。各大科技公司——特別是臉書——在上述事件爆發之後，立刻承諾採取行動，值得讚譽。他們同意限制政治廣告，聘請更多人力，手動審查相關內容。推特也建立「廣告透明中心」，清楚呈現各大陣營購買推特廣告的經費、資助競選陣營的組織身分，以及推特使用的廣告受眾定位方式。馬克・祖克伯似乎在 2017 年底頓悟了，他承認臉書必須改善自己的行

為，成為更負責的出版者，制定編輯策略，而不是將所有資訊一視同仁的中性平臺。他們的行為當然有所助益。政府也能採取行動，例如加速制定選舉法，我將在本書的結尾討論。

但是，這種行為無法完全解決問題，因為在人人可以時時刻刻從世界各地張貼文章的網路世界，根本不能徹底控制。這種現象早已超越俄羅斯政府的影響力：民主不再可以有效控管資訊國界。臉書想要連結全世界的夢想，也代表讓俄羅斯的機器人帳號連結至英國選民、容易受騙的新聞媒體、假新聞提供者，以及心意搖擺的選民，泰瑞莎・洪與從未投票且憂心忡忡的美國母親也因此相連。

每一次的選舉都已經變成一場軍備競賽，而軍備競賽的問題正是難以阻止。大型科技建構販售廣告商品的基礎設備──有些設備極為複雜，達成人類夢想的最大連結狀態──而現在的選戰正是挪用這些設備來取得勝利。在「紅色的角落」**❽**，一位擁有數十億身家、極富影響力和控制力

---

❽ 譯注：「紅色的角落」和「藍色的角落」的比喻來自運動賽場和美國政治生態。此處的角落是指拳擊場上畫出的角落區，讓拳擊手在回合之間可以休息調整，而紅色與藍色的比喻則是美國共和黨（紅）和美國民主黨（藍）。

的商人，每年都可以愈來愈精準地投遞廣告訊息。在「藍色的角落」，則是一群孱弱且過時的選舉規則，來自大眾電視和登門拉票的年代。

改變選舉史的關鍵一夜

　　2016 年的美國總統大選之夜，民主黨的開場很好——出口民調數字很好，分析師自信滿滿預測希拉蕊‧柯林頓能夠贏得勝選。《紐約客》的編輯大衛‧雷尼克（David Remnick）撰寫文章草稿，動筆討論美國第一位女性總統。福斯新聞臺的製作人也預期會在美國東岸時間午夜之前，宣布民主黨勝選。即使是共和黨的成員，似乎也開始準備相互推卸責任了。[36]

　　然而，夜幕降臨之後，事態發展不如預期的跡象逐漸出現了。佛羅里達州的開票時間比預期更久，在幾處早已完成開票的區域，支持川普的選票也比民調專家的預測更多。事實證明，在俄亥俄州，白人勞工階級參與投票的人數比坊間謠傳的更高。密西根州與威斯康辛州的結果尚未出爐。CNN有線電視網的政治部門主任大衛‧柴連（David Chalian）思忖之後，在當天晚上 9 點 15 分告訴製作人泰倫斯‧布里

（Terence Burlij），他認為川普可能真的會勝選。「他看著我的表情，彷彿我已經瘋了。但你可以察覺當天晚上確實不太一樣。」[37]

　　在聖安東尼奧工作數周之後，布萊德‧帕斯凱爾早已悄悄前往紐約的川普大樓等待選舉結果，緊密觀察所有新聞報導。川普競選時期的團隊成員達瑞‧史考特（Darrell Scott），在川普大樓 14 樓發現布萊德，他正在筆記型電腦上計算各種可能結果。「我們的選戰情況如何？」史考特問。布萊德一邊指著電腦螢幕，一邊說競選團隊已經在全國各地超乎全力付出。[38]達瑞傳訊息給共和黨的時事評論人馬特‧謝爾登（Matt Sheldon），他寫道：「電腦團隊說川普會贏。帕斯凱爾正在折紙飛機，讓紙飛機穿過整個房間。」

　　川普大樓的氣氛正好，柯林頓總部的光景大不相同。幕僚不再接受現場直播採訪，開始瘋狂致電給關鍵州的聯絡人，想要釐清狀況。晚間 10 點，柯林頓媒體採訪室的電視螢幕不再轉播有線新聞，開始改播過去的競選素材影片。「這應該是柯林頓陣營的轉捩點。」一位待在現場的 CNN 新聞製作人員說。[39]

　　接近晚間 11 點，每個人都在等待的結果終於出爐：川普贏得佛羅里達州，這是一個關鍵州，川普在此地的基礎不

好，民調表現也很糟糕。很快的，另外一個搖擺州俄亥俄州也由川普拿下。分析師開始重新計算柯林頓的獲選機率，但這不是他們今晚第一次重新計算。希拉蕊必須贏下賓州（20張選舉人票）、密西根州（16張選舉人票），以及威斯康辛州（10張選舉人票），才能完成魔術數字270張選舉人票。「她獲勝的機率愈來愈渺茫了。」CNN新聞主播傑克‧塔珀（Jake Tapper）向電視機前的觀眾表示。[40]

歐巴馬兩次選戰的資深顧問吉姆‧馬格利斯（Jim Margolis）表示，待在柯林頓戰情室的人都在致電給威斯康辛州和密西根州當地的聯絡人，他們急於知道為什麼這兩個州還沒宣布由柯林頓拿下，因為所有的出口民調都顯示，希拉蕊能輕而易舉獲勝。[41] 畢竟，這些州在過去六次總統大選都支持民主黨。倘若這次的結果相同，希拉蕊還有勝算。

但幾個月之前，布萊德坐在阿拉莫計畫辦公室，檢閱劍橋分析公司的領域範圍族群時，發現他們尚有勝算。分析模型顯示，當地還有足夠的游移選民和不曾投票的人，他們有機會被說服轉為支持川普。於是布萊德挪動預算，著重「鏽帶地區」州。[42] 「我把其他地區的資金都移動到密西根州和威斯康辛州。」後來，他接受哥倫比亞廣播電視網的節目《60分鐘》專訪時表示。庫許納也要川普開始在賓州發動

選戰攻勢。當時，幾位行家都認為這個舉動太瘋狂——因為川普攻擊柯林頓陣營自豪的「藍色圍牆」。布萊德只是依照數據進行決策。

美國東岸時間將近凌晨 2 點，川普確定贏下賓州，他的選舉人票也衝上 263 張，希拉蕊最後的希望之門正在快速關閉。半個小時之後，美聯社新聞預測川普也會贏得威斯康辛州——倘若成真，川普就會衝破勝利線。威斯康辛州是非常貼切的關鍵地區，因為沒有人相信川普可以贏得此地，除了阿拉莫計畫的數據分析人員。自從雷根在 1984 年贏得威斯康辛州之後，川普是第一位在此地獲勝的共和黨總統候選人。幾分鐘之後，柯林頓致電川普承認敗選。她的總票數勝過川普 2 百萬票，但在關鍵州失利了。

幾個小時以後，川普登臺發表勝選感言，布萊德——他的身高 195 公分，俯視歡喜慶賀的群眾——觀察周圍的支持者，看見達瑞·史考特之後，他只有一句話：「我早說過我們會贏。」

太多平常相當聰明的人無法理解川普為何受到群眾喜愛，他們相信選民遭到布萊德或泰瑞莎的愚弄，甚至主張普丁暗中協助川普。他們樂於宣傳這種迷思，因為這個話題非

常熱門。數間媒體將川普勝選的功勞歸於劍橋分析公司,將
他們描繪為幕後的邪惡天才,這間公司也變得炙手可熱。
「生意很好。」歐克茲柯威斯基在最近一次專訪時表示:
「除了南極洲之外,全球各個大陸都有人有興趣和我們合
作。」[43]事實證明,他們的成功只是一時。到了2018年中,
劍橋分析公司已經消失了。

　　真相並非一直線。川普勝選顯然有許多因素——經濟不
景氣、對手太過無趣、白人勞工階級起義。正如理察·霍夫
施塔特(Richard Hofstadter)的著名評論所說,美國的政治
有一種偏執,而這種偏執來自害怕某種朦朧強力的利益,正
在損害這座國家。[44]當然,2016 年的美國總統大選也有黨
派色彩。2012 年,歐巴馬總統競選連任時,曾經將選民按
照可說服的程度分為三十個不同的區間,谷歌協助歐巴馬陣
營,但我不記得曾引起如此騷動。顯然的,自由派人士從事
這種行為時,他們覺得很自在。這是嚴重的錯誤。

　　但是,兩個不受歡迎的候選人進行激烈的選戰,少數關
鍵區域很重要時,阿拉莫計畫可能**就是**決定性的因素。布萊
德將身家賭在數位競選,劍橋分析公司精緻的領域範圍族群
加上臉書的親自協助,代表川普能於正確的時間,在正確的
選區,把正確的訊息,傳遞給人數足夠的正確聽眾。加上大

量的網路搗亂人士和機器人帳號，刺激網路爭論，就能夠扭轉乾坤。最後選票結果公布之後，川普在賓州總計 600 萬張選票中，以 4 萬 4 千票之差獲勝，在威斯康辛州贏了 2 萬 2 千票，密西根州則是 1 萬 1 千票。他的勝選差距極為渺小——幾乎不到 1% 的選票。臉書後來公佈的資料顯示，川普陣營比柯林頓陣營更擅長使用臉書平臺。倘若這些選民符合預測，投給柯林頓，她就會獲勝。

並非所有選戰都是如此膠著。然而，很快的，幾乎所有的選戰都會使用相似策略組合，包括大數據、演算法、高度精準投遞（granular targeting），以及據說是有機且真實的訊息內容。這個故事並非川普如何「偷走」一場選舉。健全的選舉比勝負更重要。選舉包括硬體和軟體。能夠決定誰負責治理的人民，他們制定的技術規則就是硬體——精確開票、設立投票站、以及登記參選的規則等等。然而，選舉同樣仰賴軟體：人民應該可以保持自由的想法與清澈的思維，基於完整理解自己的利益和準確的資訊，才能做出決定。如果某些人能夠用我們幾乎不知道的方法，影響選舉的「軟體」，這場選舉並非真正的公平自由。倘若選舉管理者無法看清局勢，民眾不會相信選舉結果的合法性，甚至可能改變選舉的本質，消滅政治的問責性。除非我們可以明白選戰中的應用

技術，要求使用相關技術的人負起責任，否則未來令人毛骨悚然，因為擁有數據者，就擁有未來，他們可以駭入軟體──光是如此，就能造成巨大的改變。各位讀者，請準備面對新的「老大哥」，與過去的「老大哥」一模一樣，但得到新的武器：演算法和大數據。

four

自動駕駛下的民主

Driverless Democracy

如果人工智能奪走所有工作，
公民會怎麼樣？

iv

　　科幻小說迅速成為科學事實,就像人工智能的急速成長已經開始影響我們的經濟生活。然而,與其思慮「人類失去工作的未來」,我們更應該擔憂與日俱增的不平等,以及即將到來的科學革命是否會抹滅中產階級且威脅民主。

　　正如許多矽谷的新創公司，兩名年僅二十出頭的年輕人成立「星空機器人」（Starsky Robotics）公司，他們認為睡眠只是一種非必要的選項。所有成功的新科技公司都需要一位理解科技的人以及一位明白經商的人，鮮少有人同時擁有這兩種獨特的才能。在星空公司，卡堤克・堤瓦里（Kartik Tiwari）是「科技人」，專長為人工智能，而史帝芬・塞爾茲—阿克斯馬雀爾（Stefan Seltz-Axmacher）則是「連續創業家」，最重要的才能就是建立新創公司。讀者一定注意到了，兩人的專長都不是卡車，但卡車是這間公司的主要經營項目。投資人似乎不在意，因為這間公司只有 11 名員工，雄心壯志是推動卡車產業革命，設計自動駕駛卡車，而他們已經向風險投資人募集數百萬美元的資本。

　　「兩年前，所有人都覺得我瘋了。」我拜訪星空公司的佛羅里達總部時，二十七歲的史帝芬說。幾個月前，他們在佛羅里達一座封閉社區租賃寬闊的房地產物件作為總部。然而，現代的卡車產業就像其他產業，已經被數據科學、人工智能和風險資本顛覆了。

　　史帝芬同意讓我在總部駕駛人員東尼・休斯（Tony Hughes）的陪同之下，親自體驗星空公司最新且最亮眼的卡車。休斯的身材嬌小，非常友善，已有二十年的卡車駕駛經

驗，或許「駕駛人員兼機械督導」才是更好的職位描述。東尼已經五十歲了，畢業於堪薩斯蕭華尼·米森西北高中的普通科，擁有「高效率且節省成本的良好運輸作業紀錄」，現在卻開始訓練可能導致自己失業的人工智能機器。他已經花了好幾個月駕駛星空公司生產的卡車，反覆走過特定道路。東尼駕駛的時候，軟體可以蒐集相關數據。軟體藉著這個經驗，「學習」東尼的駕駛方法並且模仿他。佛羅里達州的法律規定行駛的汽車中至少要有一個人，而且軟體依然處於「開發階段」，所以東尼擔任機械督導——如果出問題，必須有人負責。史帝芬和卡堤克雖然想要成為卡車產業的大亨，卻不知道如何實際駕駛卡車。

星空公司知道，與其讓空無一物的卡車在全國遊蕩，不如趁機獲利。他們訓練軟體時，偶爾也會實際運送貨物。於是，我在佛羅里達的奧蘭多跳上「玫瑰花蕾」（顯然的，每個人都會替自己的卡車命名），與東尼、史帝芬和卡堤克一起運送 5 千磅重的空牛奶紙盒。我們的目的地是南方大約 200 英里處的迪爾菲爾德海灘（Deerfield Beach）。東尼的腳下以及巨大的方向盤後方是開發中的電線、泵、閃亮的拉桿和許多齒輪，連結至卡車頭後方的電腦，由卡堤克操作。駕駛軟體控制踏板和方向盤，依照車體雷達和電腦視覺感知

器蒐集的數據進行即時調整，這些數據包括卡車位置、卡車速度、路標、其他車輛位置和速度等等。

我們離開狹小的住宅區道路，進入 95 號高速公路。

東尼轉向史帝芬說：「如果你們準備好了，我就能啟動自動駕駛系統。」

「玫瑰花蕾上路了。」史帝芬用對講機通知其他組員，他們駕駛另外一臺汽車，跟在卡車後方。

東尼撥動一個小巧的藍色開關，卡車從手動駕駛進入自動駕駛模式。車身突然發出震動，彷彿想要掙脫東尼的控制，他將身體往後仰，翹著二郎腿，看起來很放鬆。「我完全信任玫瑰花蕾。」他告訴我，「我訓練她好幾個月了。她現在的駕駛技術，幾乎和我一樣好。」

搭乘引擎震天價響的 40 公噸重型卡車當然是非常可怕又興奮的經驗。卡車接近州際公路上的第一個彎道，我的行為就像搭乘飛機遇到亂流，盯著車上所有人。東尼看起來很冷靜，玫瑰花蕾平順過彎。我的心情漸漸變得輕鬆，明白在漫長寬闊的美國直線高速公路上，不會發生任何意外。「這是完美的自動駕駛道路。」卡車轟隆作響，史帝芬告訴我。前往迪爾菲爾德海灘的旅程將近 70% 都完全交給機械自動駕駛。枯燥乏味取代新鮮感之後，我很快感到無聊。這種感

覺確實很適合描述現在的狀況，工程師曾警告「警戒遞減」
（vigilance decrement）的風險：駕駛人員缺乏練習，逐漸無
法處理緊急狀況。我的無聊也消失了，開始明白過去認為只
有在科幻小說才會出現的故事，已經迅速成為科學事實。❶

　　2004 年，倍受讚譽的麻省理工學院人工智能研究專家
認為，自動化載具只是一場白日夢，因為駕駛是一種特殊技
巧，需要人類直覺和引擎操作能力。[1] 但我們絕對不應該低
估數位科技發展的速度。優步、谷歌、特斯拉、梅賽德斯、
富豪、星空和其他汽車製造公司投入數百萬美元經費。許多
國家（包括英國）也鼓勵他們進行「真實道路」測試，英國
內閣預測自動駕駛汽車可以在 2021 年正式上路。根據目前
發展的狀況，法規和保險問題很有可能阻礙自動駕駛科技的
發展速度。

---

❶ 大多數自動駕駛載具的運作方法彼此相似：感應器可以「看見」駕駛的
視覺畫面，由程式進行自動反應：原則上，自動駕駛載具針對路標、其
他車輛和行人做出回應。機器和人類不同，它們沒有視覺盲點。事實上，
多數軟體可以察覺並且避免其他汽車駕駛的盲點。每一年，人為駕駛疏
失造成的車禍奪走 130 萬人生命。如果自動駕駛載具發生致命事件，我
們不會記得這個數據，但絕對足夠引發反彈，關注自動駕駛載具的危
險。

沒有工作機會的世界？

人工智能革命橫掃全球經濟市場，自動駕駛載具只是其中一種應用。人類在人工智能的飛躍（起初的發展緩慢，突然開始加快），其實背後隱藏了 21 世紀第一次真實的群眾大恐懼：我們擔心自己走入一個嶄新的世界，機器人取代人力工作，讓所有人失去工作。媒體平臺似乎也很享受撰寫駭人聽聞的相關報導。❷

許多關於人工智能的廣泛誤解必須澄清。雖然好萊塢電影和新聞媒體的報導標題令人窒息，但沒有任何機器可以真正接近人類的智能表現，而這才是我們定義的「在許多不同的領域，能夠做出宛如人類的表現」（稱為「通用人工智慧」）。雖然意見不一，專家普遍認為 50 年至 100 年之後，才可能出現這種人工智能 —— 坦白說，沒有人真的確定。機器是否能夠擁有自己的意識，則是完全不同的問題，最好留給哲學家討論，而不是機器人專家。

我們著迷於能夠走動的機器、《魔鬼終結者 2》的天網以及機器人，其實無助於專注在真正的關鍵，也就是具備

---

❷ 左翼雜誌《瓊斯夫人》預測，「機器人會奪走你的工作」，而《衛報》充滿自信地告訴民眾，「機器人將摧毀所有人的工作。」

「特定領域」功能的人工智能，經常採用所謂的「機器學習」（Machine learning）。人類輸入演算法和數據，教導機器學習所有輸入數據的意義。從此開始，機器人可以偵測行為模式，模仿特定的人類行為，或者完成特定任務，例如駕車行駛州際公路、預測天氣、評比信用分數、判讀車牌和相關工作。

　　機器學習行之有年，早已進入經濟市場的許多層面，例如亞馬遜購物推薦清單或臉書新增好友推薦。機器學習仰賴數據，我們現在生產大量數據，讓機器可以迅速成長；電腦計算的成本下降，也有助於實現強而有力的自我增強循環：更多數據改善機器學習，機器成長之後，理解新的數據，繼續改善效能。我們時時刻刻都在開發更細緻複雜的機器學習。最新的技術是教導機器解決自己的問題，而不是單純提供處理範例，具體方法就是設定處理問題的規則，讓機器自己成長。有時候，這種技術稱為「深度學習」（deep learning），也就是嘗試模仿人類腦神經皮層，從神經網絡中有效率地偵測特定行為模式或圖像。[2]

　　想要理解深度學習的不同之處，又為什麼比傳統機器學習更好，請思考人工智能機器為何能在中國古老的圍棋領域中擊敗人類多年。對機器而言，圍棋的難度很高，因為圍棋

必須思考許多可能的策略：在圍棋比賽中，可能的策略組合甚至多過宇宙原子數量。數年前，谷歌擁有的人工智能公司 DeepMind 打造了新軟體 AlphaGo。一開始，AlphaGo 使用傳統的機器學習方式，學習人類對手在 X 位置進行 Y 策略，或者人類對手在 A 位置使用 B 策略時的應對方法。從這個時候開始，AlphaGo 與自己進行數十億次的練習，改善它的圍棋知識。2016 年，AlphaGo 超乎專家預期，徹底打敗全球最好的圍棋專家李世乭。這項驚人的成就迅速就被超越了，2017 年末，DeepMind 公司釋出新軟體 AlphaGo Zero，完全不必仰賴事先學習人類棋譜，採用深度學習，讓軟體自己理解如何獲勝。AlphaGo Zero 的起步很糟糕，但它持續與自己對弈 40 天之後，變得非常厲害，最後與 AlphaGo 進行 100 次對局，取得 100 場勝利。現在，圍棋已經成為「人類絕對不可能打敗機器的競技領域」。

　　許多矽谷人都同意，機器學習是下一個關鍵，雖然有些人的想法更為樂觀。特斯拉和 SpaceX 公司的老闆伊隆・馬斯克（Elon Musk）最近表示，人工智能就像「召喚惡魔」，其他人則將人工智能的重要性與「科學成就」相提並論，例如類固醇問世、發明盤尼西林，甚至電力。百度的前任首席科學家吳恩達認為，世上所有的產業都會在短期之內

發生巨大「轉變」。

　　人工智能已經開始勝過人類的能力，雖然目前僅限於數量稀少的領域，但正在逐漸成長。在過去的一年，人工智能已經「進駐」駕駛、鋪磚、挑選水果、翻煎漢堡排、銀行業務、交易業務，以及自動化倉儲管理。法律軟體公司正在發展統計預測演算法，分析過去的案子，推薦合適的辯護策略。許多公司也開始使用履歷分析工具，協助他們篩除顯然不合適的求職者（舉例而言，在校成績並未名列前茅者）。使用複雜的數據模型，現在的人工智能軟體可以預測投資策略。麥肯錫投資顧問公司在 800 個職業中分析 2,000 種工作項目，認為**當前已獲認可的科技**，能夠取代目前 45% 的受薪人力。同樣的，英格蘭銀行最近表示，在一個世代之內英國就會失去 1,500 萬個就業機會。

　　我並未太過嚴肅看待上述預測。人工智能的許多應用領域才剛剛起步。所有的科技革命技術都會引發相似的疑慮，通常都是錯的。即使最聰明的人也會犯錯——回到 1930 年代，凱因斯（Maynard Keynes）相信英國即將見證「技術性失業」（technological unemployment），因為機器設備的新能力取代人類，超過經濟市場創造新工作的速度。事實上，人類每次經歷科技導致的顛覆，都能夠發現新的工作機會

（而且更好）。畢竟，機器加速生產力，刺激更多投資和需求。[3] 最近一份研究報告分析美國 1982 年至 2012 年的勞動力之後發現，在大量使用電腦的領域（遊戲、圖像設計和程式設計）[4]，工作機會**上升**。在許多例子中，科技加速提昇生產力，工作機會並未減少，而是改善現有工作機會。人工智能應用至醫學診斷（在未來數年之內就會發生）不代表醫師職位減少，而是病患獲得更好的治療，因為忙碌的醫師不需要親自緊盯醫學檢驗掃描。除此之外，人類也非常不善於預測未來的產業和工作機會發展。數百萬人目前的工作職位，在二十年前並不存在：網頁開發人員、應用程式設計師、優步駕駛人員、生活風格個人顧問，以及其他上千種職業。

　　越過 95 號州際公路的漫漫路上，由玫瑰花蕾卡車負責自動駕駛，思考這些議題的我才突然驚覺，真正的挑戰不是工作機會，而是不平等。自動駕駛卡車可以創造很多美好的新工作機會。❸星空公司的員工都是教育水準很高、有熱忱而且發揮良好的年輕人：機器人專家、工程師，以及機器學

---

❸ 英國政府推測，在 2035 年時，自動駕駛產業的市值將高達 280 億英鎊，雖然我認為這個推測不可信，但等到時間證明英國政府的想法錯誤時，人們也早就遺忘了。

習專家。他們創造這些工作機會，而且非常適合他們。如果他們一帆風順，代表其他類型的相關工作機會就會消失。當然，這不代表所有的卡車司機都會失業（史帝芬表示，有些卡車司機轉任辦公室人員，使用電腦控制多臺卡車。如果卡車進出繁忙的倉儲站，或者行經路線複雜的地區，工作人員也會親自操作）。況且，至少在美國，卡車駕駛人員的數量依然短缺。但幾年之後，我們需要的卡車駕駛人員一定比現在更少。[5]

東尼從1990年代中期就是專業的卡車駕駛。這是孤獨且艱難的職業。但是，對於許多沒有大學學位的美國人而言，卡車駕駛是市場上薪資最好的職業之一，特別是在經濟狀況較為貧困的州，如愛荷華和北達科他。[6] 3% 美國人的職業為專業駕駛或其他相似職業。[7] 條件劣勢的駕駛人員會不會接受史帝芬和卡堤克創造的時髦新工作呢？少數人會，另外一些人和東尼一樣，已經開始訓練人工智能駕駛軟體。或許，其他人可以重新學習專業技術，走向勝利的道路。我反覆聽到別人訴說矽谷的魔幻泡沫故事，據說任何事都有可能發生，五十多歲的失業卡車駕駛成為網頁開發人員和機器學習專家──那只是一種方便的幻覺，不會有人相信。更有可能的結果是許多缺乏必要技巧的卡車司機，只能尋找更危險

低薪的零散工作機會——計程車駕駛（假設未來還有這個工作）、亞馬遜倉庫操作人員，或者「土耳其機器人❹」，他們領取時薪，訓練人工智能軟體或者完成調查報告。或許，他們以後可以找到論件計酬的零散工作機會，負責清洗一臺機器，而這臺機器的功能是清洗第二臺機器，第二臺機器則用於修繕自動駕駛卡車。❺

你的工作，十年後還存在嗎？

我們應該抱持合理的自信，明白人工智能可以提昇生產力以及整體財富。關鍵的問題是財富分配。因為人類在棋盤上不敵人工智能，新的人工智能又打敗了原本獲勝的人工智能，不代表機器可以完全取代現有的人力工作。人類眾多的「思維」工作，例如極度複雜的計算，可以輕而易舉地由機器取代。機器能夠發揮人類無法企及的速度和精準，完成重複或容易預期的工作。相反的，許多非思維工作，例如撿起

---

❹ 土耳其機器人（Mechanical Turk），起源於亞馬遜購物網站。把工作外包給遠端人工，專門執行機器無法完成的細碎任務，而逐漸形成獨特的外包工作。

❺ 一個老笑話：未來的工廠只有兩個員工，一個男人和一條狗。男人負責餵狗，狗負責讓男人不要觸碰自動生產設備。

一疊掉落的卡片或綁鞋帶，對機器來說非常艱難。相較於人類面對不可預期的狀況，機器處理非思維工作的表現更糟糕，特別是需要使用感官運動能力的技巧。這個現象有時也稱為「莫拉維克悖論」（Moravec's Paradox），由機器人專家漢斯‧莫拉維克（Hans Moravec）提出。他認為，高度的理性思考能力只需要非常簡單的電腦計算，但低度思考性質的感官運動技巧，則需要大量的電腦計算。❻人類智能思維能力的寬闊程度當然勝過機器。

　　人工智能科技的發展產生了幾項重要的衍生影響，風險最高的工作是能夠輕易被機器取代的「重複性工作」。最安全，而且最可能創造新機會的則是「非重複性工作」。現代經濟最詭異之處，在於非重複工作的薪資通常很好，或者很糟。星空公司或谷歌的機器學習專家就是非重複性工作，因為內容仰賴大量的直覺與創意，以及在無法預測的情境中進行獨立思考。園丁、照護人員或者單車食物外送員的工作也是如此。其他介於中間的工作風險最高，或者，你也可以稱之為「重複性認知型工作」。如果你是火車操作人員、房地產廣告人員、股票分析師、律師助理、信用分析師、貸款審

---

❻ 至少就現在而言——許多機器人生產公司開始努力克服莫拉維克悖論，因為電腦計算能力逐漸提昇。

核人員、簿記人員、稅務會計師或放射科醫師，可能就要考慮接受新的職業訓練。

如果我們失去上述工作，就會朝向麻省理工學院的勞動市場經濟學家大衛・奧托（David Autor）所說的「槓鈴型經濟」（barbell-shaped economy），也就是極端不平等的經濟。任何擁有專業技能、勤勉付出、金錢或財富的人，可以緊密接觸科技，特別是人工智能科技，他們的生產力和工資可能都會大幅提升。許多低薪且沒有保障的服務業，也不會因為自動化作業而消失，但將發生數百萬人爭相競爭，負責照顧或送食物給偉大科技革命的勝利者，導致他們的薪資大幅下降。在 2030 年的勞動市場，我們只能選擇臉書的薪資優渥工作，或者爭奪領取最低薪資的單車食物外送，服務忙碌且重要的大人物。至於想要在地方新聞任職的記者、律師助理、卡車司機或者稅務會計師，只能自求多福。

我不希望讓人工智能承擔尚未犯下的罪行。但是，科技惡化的不平等並不陌生。「沒有任何一個經濟法則認為，所有的工人，甚至大多數的工人，能夠因為科技進步而受益。」麥克費（McAfee）和布林優夫森（Brynjolfsson）在極富影響力的書籍《第二次機器時代》（*The Second Machine Age*）中寫道，他們提出的主張令人信服，雖然其

他因素也是關鍵——包括全球化——但過去 30 年的科技發展才是經濟不平等持續惡化的主要原因。他們解釋道,技術專精的工作者大多可以受惠於新科技,其他人則大幅落後。在美國,經濟市場的生產力提昇,許多美麗的新大樓竣工,企業利潤也增加了,但平均薪資反而減少。英國的發展情況也非常類似,在 1973 年至 2011 年間,英國生產力提昇 80%〔雖然低於經濟合作暨發展組織(Organization for Economic Cooperation and Development)的標準〕,但中產階級工人的時薪只有實際提昇 10%。在全球各地,包括採行社會主義的瑞典和德國中小型企業公司,薪資收入頂端的職業發展依然良好,但中產階級和社會下層民眾的收入和財富,自從 1970 年代開始,就沒有任何實質增加。

　　還有另外一些不平等的形式,我們從來沒有想到。就像普遍成立的通則,科技可以讓擁有金錢或專業技術的人獲得力量與優勢。科技的力量愈強,這種傾向愈強。以擁有人工智能助理的人為例,正如我在第一章的描述,人工智能助理可以協助主人找出最佳市場價格、最便宜的假日行程、最健全的法律建議、撰寫最好的履歷,以及其他種種功能。可以負擔最佳人工智能助理者,他們的前景看好,沒有能力負擔的人,則是更嚴重的落後。這種類型的不平等特別棘手,因

為它與工資和房屋價值不同，政府部門和研究單位可以蒐集
工資和房價資料，但難以察覺這種不平等。

　　除了造福專業工作人員之外，數位科技也進一步提昇資
本擁有者的財務利潤，而不是嘉惠勞力。機器不會要求分享
利潤，代表機器創造的生產力，可以提昇擁有者的利潤積
累，通常就能創造財富。近年來，國內生產毛額（GDP）
中，勞動資本的比例已經逐漸下降；在 20 世紀的大多數時
間，美國國家財富的勞動資本比例都是 66/33，現在則是
58/42。工會是 20 世紀抵抗這種傾向的主要防禦方法，確保
企業利潤能夠妥善分配。工會的緩慢衰退是維持財富平等的
災難——更殘酷的轉折則是，新科技很有可能妨礙工會發
展，因為零工經濟（Gig Economy）的工作者難以團結，而
且企業主也擁有新的技術，可以更好的監管控制勞動力。❼
這種經濟財富分歧發展的極端結果，就是全球最富裕的八個
人，擁有的財富超過全球後半段的人口總財產——其中四人

---

❼ 優步和戶戶送也是日漸重要的產業一環：零工經濟打造能夠用各種服務
　獲利的公司，例如借車（RelayRides）、協助客戶處理日常事務
　（TaskRabbit）、借用單車（Liquid）或者借貸金錢（Lending Club）、
　販售家用無線網路（Fon）或者衣物（NeighborGoods）。根據英國特許
　人事與發展協會（the Chartered Institute of Personnel and Development）
　的統計資料，英國大約有 130 萬人參與零工經濟，未來數年，這個數字
　也將實質成長。

是科技公司的創辦人。[8]

數位經濟造成的不平等

　　這本書的主題不是數位科技經濟學（相關著作已經浩如煙海），而是數位經濟的政治。在自由市場中，一定程度的不平等勢必無法避免，而且也是必須條件，但過度嚴重的不平等有害民主。許多文獻著作早已探討健康的民主政治仰賴充滿活力且龐大的中產階級。全國人口中的中產階級是民主的支柱──他們閱讀新聞、加入政黨、資助慈善事業、投票，並且參加社區計畫。根據數十年的不平等影響研究，我們可以用一定程度的信心預測「槓鈴型經濟」將導致各種結果，包括稅收減少、犯罪增加、民眾情緒憂鬱、藥物上癮和嬰兒早夭、預期壽命下降，以及健康不良。[9]

　　嚴重的不平等也會耗損社會的結構。生活的不平等愈嚴重，我們與那些和自己截然不同的人相處的時間，就會愈少，信任也隨之減少。吊詭的是，彼此信任的社會更有機會完成創新和創業，因為在這種社會，我們才會認為世界充滿可靠的夥伴以及良好的契機。[10]最重要的是，中產階級是民主政體最熱誠的支持者。馬克思（Karl Marx）預期的革命

之所以並未在英國發生，原先他相信英國將是第一個起義的
國家，但革命沒有發生，其中一個原因就是勞動階級演變為
廣大且擁有資產的中產階級。中產階級想要保護自己珍愛的
事物，也參與社會運作，研究結果反覆發現，他們比其他團
體更珍惜個人自由、財產權以及民主責任。[11]在 19 世紀和
20 世紀，中產階級社會的興起，特別是在歐洲和美洲，都
增強了自由民主成為合法政體的正當性。[12]

　　想要理解科技造成的不平等會帶來何種結果，最好的觀
察地點是不平等的起源，也就是矽谷以及逐漸遭到利用的鄰
居舊金山。矽谷裡有兩個彼此難容的世界。令人興奮的新創
公司辦公室、懶人沙發、手足球遊戲臺、TED 演講以及人
字拖，這個區域有將近五十萬名科技員工，平均薪資高達數
十萬美元（在最大型的幾間公司中，薪資的中位數更高）。
他們的午紀幾乎都在四十歲以下，想要居住在鄰近的繁華都
市舊金山，因為矽谷的環境就像《超完美嬌妻》（*The
Stepford Wives*）電影的浮誇場景。每天早上，數千名科技公
司的員工前往逐漸符合中產階級風雅的舊金山街道，那裡有
數十個私人公司接駁車地點。他們登上附設無線網路的接駁
車，行經 101 號高速公路，前往門羅公園（臉書）、陽光谷
（雅虎）或山景城（谷歌）。沒有人可以忽視此地的噪音、

振奮，以及企業家精神。

　　然而，矽谷還有另外一個世界，匆忙追求進步的腳步將居民遺留在此：在新創科技公司遭到忽略的女性，抱怨其他人的仇女情節；只能住在 70 英里外的優步司機必須按照沒有保障工時的契約工作；長久居住在當地的住戶被趕走，因為房東希望在 Airbnb 上出租自己的房子。在這個地方，少數人只能仰賴最低工資的服務業工作勉強生活，服務眾多的科技公司白人員工。在舊金山和矽谷，房價的中位數已經接近 100 萬美元，兩房公寓的每月平均租金超過 3,000 美元：這個價格遠遠超過所有人的負擔能力，除了科技業員工（舊金山的平均年薪是 4 萬 6,000 美元，如果你並非替臉書或谷歌工作，年薪數字就會更少）。舊金山是美國最富裕的城市之一，卻有 1 萬 5,000 名無家可歸的遊民，這也是美國最高的遊民人均數字，他們掙扎生活，通常罹患嚴重的精神疾病和藥物上癮問題。這是舊金山長久以來的問題（加州整體都是如此），但我最近造訪舊金山時，當地居民告訴我，過去不曾如此嚴重。在這座繁榮亮眼的大都市，某些角落臭氣薰天，滿地都是注射藥物的針頭、人類排泄物，或者擺放善心食物的「食物銀行」，甚至就在全球最大最酷的科技公司大樓陰影處。某天早上，我親眼目睹毒品上癮者在繁忙的人行

道上注射藥物，時間甚至不到早上九點。然而，就在同一條街上，帶著白色無線耳機的科技新貴走進漂亮的辦公室中，他任職的公司承諾讓所有人「找到歸屬」。

矽谷人的樂觀主張：全民基本收入

在某個時間點，上述所有的創造性毀滅，即使對贏家而言，都會造成壞結果。沒有人希望居住在只有幾位億萬富翁與一群薪資極低勞工（甚至失業）的世界──億萬富翁也不想。許多人正在提倡勇敢的新觀念，對抗這個現象。

2017 年，我採訪 Y Combinator 公司的總裁山姆·奧特曼（Sam Altman）。Y Combinator 是矽谷科技新創公司最重要的投資基金來源。數以千計的公司每年都向 Y Combinator 提出申請，希望付出一小部分的股權，換取資金和指導。山姆是普林斯頓大學的輟學生，經常穿著連帽上衣。他年僅三十一歲，已經是百萬富翁，外界描述他是「投資未來的男人」。Y Combinator 投資的公司包括 Airbnb 和星空機器，兩間公司現在的總值為 800 億美元。

深知人工智能造成的潛在威脅，Y Combinator 近年來開始資助全民基本收入（universal basic income）領航計畫。

正如其名，全民基本收入是逐漸受到歡迎的觀念，用於處理
失業和科技導致的不平等。全民基本收入的基礎理念認為，
政府應該讓所有人有足夠的生活費用，而且沒有其他附帶條
件。加州的奧克蘭市以及芬蘭都在實施前瞻計畫，想要檢驗
這個觀念的可行性（雖然現在判斷成效還言之過早），許多
思想家與作家都嚴肅相信這是值得深入探索的觀念。換言
之，全民基本收入已經變成風行觀念。政治立場偏右的人認
為，全民基本收入是經濟前景不明確時，讓資本主義保持運
轉的方法。政治立場偏左者，包括工黨領袖柯賓身旁的幾位
激進左翼人士相信，全民基本收入是更公平的財富重分配方
法。烏托邦主義者則說，全民基本收入讓人民能夠在生活中
追求更有意義的事物，而不是無趣的勞動。❽

　　山姆不認為我們已經準備好面對人工智能。「我們需要
新的財富分配以及社會安全網。」他在 Y Combinator 辦公
室對我說：「如果我們把錢給別人，讓他們生活，到底會怎
麼樣？……就像『這些錢足夠買房、吃飯和享樂』嗎？」

　　這是很有趣的觀念。市場上的許多工作，根本沒有人想
從事。倘若工作獲得的目標都能夠用其他方式完成，例如：

---

❽ 全民基本收入也毫無疑問地讓某些人想起馬克思描述的共產主義天堂，
　人民可以「在清晨打獵、下午釣魚，傍晚餵牛，晚餐後開始進行批判。」

經濟收入、生活和理想，那此觀念就值得深入探索。全民基本收入的支持者主張，這只是「基礎」收入，不一定會取代工作。有些人會繼續工作，如果其他人放棄工作，可以將時間用於其他目標。

　　然而，我不認為全民基本收入可以阻止一小群菁英人士變得比世上所有人更富裕。我也無法明確想到誰會支付全民基本收入，特別是在這個時代，科技公司似乎不需要繳納任何稅金。事實上，如何支付全民基本收入是非常有趣的問題。如果將目前美國用於社會福利的預算除以人口數，每個人只能拿到 2,300 美元，顯然不到全民基本收入的生活標準。全民基本收入的提倡者仰賴一種假設，認為生活必要物品的未來成本會降低。舉例而言，山姆·奧特曼在 2016 年討論這個議題時，主張未來可以負擔全民基本收入，因為生產力提升，必要用品的成本也會減少。我懷疑這種論述基礎可以說服政府內部的決策官員。科技批評家尼可拉斯·卡爾（Nicholas Carr）寫道：「我不禁懷疑。現代的科技大老，他們傾向自由放任主義，無法忍受政府，又怎麼會相信這種巨大的財富分配是必要之舉？」[13] 從他們迄今的行為而言，確實不太可能。

　　我向山姆請教一個似乎非常單純的問題：「如果這個社

會有一小群極度富裕的人，剩下的其他人都能獲得一筆錢保持自己的生活水準，他們真的可以快樂生活嗎？如何看待工作的尊嚴？又如何思考日漸惡化的不平等？」

「你對未來的想法非常悲觀。我希望你是錯的。我相信某個正在從事機械性勞動的人，並未實現自己的夢想和期待。」他回答。

我當然也有一樣的想法，但這不是重點。「我很緊張，因為社會必須歷經劇烈的改變，這點令人擔憂。」我說。

「我相信社會**必然**經歷劇烈的改變。」他接著答覆，「過去早有這種改變。你必須明白，我理解別人會有『我不惜一切代價也要保持原狀，我討厭進步，我討厭改變』的想法（此時，山姆緊握雙拳，仰望天空，揮舞自己的胳膊）。因為我從你身上就感受到這種想法。」

「我的意思並非如此！」我急忙反駁，「我不討厭進步。如果你追求的進步，不是別人想要的進步呢？」

「美國有四千萬人活在貧窮之中。如果科技可以消除人類的痛苦，就應該如此。假設科技能夠創造更多財富，我們能找出更好的分配方式，也應該如此。」他如此答道。沒有任何跡象顯示，科技創造的問題，使用科技就一定能夠找出解決方法。我提到新聞報導人員必須質問所有負面的可能

性。這是我們的職責。

「倘若你繼續堅持『我們應該停止進步』的立場，沒有人會認真對待你。我認為你可以扮演重要的角色，但我擔心你用這種反對進步的立場，追求錯誤的方向。」他回答。

採訪就此結束。山姆被視為矽谷最有趣且最有原創力的思想家，我毫不質疑他的思維敏銳。但他似乎無法理解，我為什麼不能立刻接受他對未來的想法。從目前的發展情況而言，最有可能發生的情境是人類社會開始自動駕駛，朝向更不平等的經濟發展。贏家永遠都會說服自己，他們努力贏得小小的財富，他們希望社會成員更加緊密聯繫，即使他們的利潤就是來自撕裂社會。我們應該害怕的反烏托邦不是機器人奪走所工作，而是槓鈴型經濟：追求社會進步的科技百萬富翁住在美好的封閉社區，遠離他們害怕、傲慢對待或者厭惡的群眾，而群眾對他們也是一樣的感受。

第五章

five

壟斷一切的科技公司
The Everything Monopoly

科技巨人如何占領世界

科技為何出人意表地傾向導致壟斷？藉由遊說，科技公司已經開始將經濟權力轉化為政治權力，但他們在各種重要的面向中，與「傳統」的壟斷不同：科技擁有推出各種物品的平臺，他們得到左右輿論和社會運動的重要影響力，其中重要的延伸影響，就是公民如何實踐「自由集會結社」，這是所有獨立公民社會的基礎和對抗暴政的碉堡。在現有的發展路徑中，我們正在邁向這類壟斷的最後階段──不只是經濟或政治的壟斷，也包括文化和觀念的壟斷。

　　數位科技創造最極端的——在未來數年之間，可能也是最緊迫的——不平等表現形式，就是製造大規模的壟斷。雖然與第四章的內容有細微的不同，但關鍵問題彼此相關：擁有權力的公司，因其規模和權力，傾向於讓政治腐敗。

　　解釋這個現象為何造成民主問題之前，我們必須先進行基礎理解，富比士雜誌全球富豪排行榜前五名，為什麼有三名是科技巨人，而全球市值最高的五間公司又為何都是美國西岸的科技公司。各種市場領域傾向於少數贏者壟斷，請思考製藥、石油，甚至超級市場。商學院的畢業生懷抱建立壟斷的計畫，只要成功，缺乏競爭可以讓壟斷公司提高價格和增加利潤。但現代壟斷的規模已經與過去完全不同。❶1990年時，許多人預期，網路可以終結壟斷，而不是導致壟斷。當時的普遍想法——那個年代的數位大老和未來學家一再強調——認為網路的屬性是「去中心化」和「人與人之間彼此連結」，能夠自動導向競爭和分散性的市場空間。[1]雖然沒有人準確知道其中道理，但許多極富影響力的人物，例如克

---

❶ 以下的公司在各自的領域中已經完成壟斷或寡占：谷歌（搜尋引擎、影像串流、線上廣告）；臉書（社群網絡、訊息通訊、線上廣告）；優步（共乘）；Airbnb（分享住宿）；亞馬遜（線上零售，主推書籍和雲端電腦服務）；推特（微型部落格）；Instagram（分享照片）；Spotify（音樂串流）。

里斯‧安德森稱呼這種趨勢為「長尾」（Long Tail），而且為之興奮。

稱霸市場的科技神話

　　現在看來，事態已經非常清楚，相較於減少壟斷，數位科技的本質更容易造成壟斷。最重要的原因就是網絡效應。倘若你使用臉書，你的朋友很有可能也會加入臉書，代表他們的朋友亦是如此。萬物相連之後，網路效應（network effect）可以獲得更進一步的擴散，而且速度更快。網路效應的力量非常強大，導致臉書現在面對的最大問題，就是已經沒有足夠的人可以相連了。網路購物的市場也面臨相同的狀況。我年輕的時候，只能到附近的唱片行購買音樂，地理位置和有限資訊限制我的選擇。因此，我只能購買符合當地唱片行利基的專輯。小型的當地市場原本可以容納許多最佳的計程車服務、書店和唱片行。隨著數位市場出現，你只需要一個。我為什麼還要搭乘「很不錯」的當地計程車，而不是選擇優秀的優步？

　　人類不善於理解網路效應的力量，我們習慣線性思考，而網路可以產生巨大的指數成長。正因如此，只要市值超過

億萬美元的巨大企業一夕之間出現，我們就會非常驚訝。網路效應的威力很大，因為它可以自我增強。搭乘優步的消費者愈多，就會吸引更多司機（和數據），提供更好的服務，得到更多消費者，代表優步還會繼續成長。谷歌每天都會經歷數百萬次的微型改善，愈來愈接近經濟學家所說的自然壟斷，因為谷歌提供的服務，勝過其他兩間競爭公司。❷ 2 數位公司迅速擴展優勢，因為擴張成本非常低廉。Airbnb 增加新的單位幾乎不用成本，傳統的飯店公司必須興建新的飯店，速度緩慢、成本昂貴，而且風險極高。Youtube 播放一支影片或一百萬支影片的成本幾乎相同，但百事達出租實體DVD 的成本並非如此。

上述的現象代表最好的商品服務提供者，能夠更輕鬆占領整個產業，造成贏者全拿的現象。嚴格說來，「贏者拿走大多數的獎勵」是更精準的說法；雖然我使用「壟斷」，代表「單一銷售者」，但「寡占」才是描述科技巨人的正確詞彙。寡占代表一小群製造者或銷售者分享單一市場。即使谷歌也不是網路搜尋引擎的壟斷提供者——還有其他搜尋引擎公司，例如 DuckDuckGo 或者 Bing。但科技產業沒有原本

---

❷ 輕描淡寫表示我們可以與谷歌「分手」的人，其實完全不了解沒有谷歌，這個世界的網路搜尋引擎會變得何其惡劣。

期望的長尾現象，讓成功的小型經銷商經由小眾市場獲利，只有少數巨大的贏家，以及渺小的其他人。舉例而言，在 iTune 中，0.00001% 的專輯銷售額度占了全部銷售額度的六分之一。扣除銷售情況最好的前 6%，後面 94% 的專輯銷售量都低於 100 張。[3] 從技術上來說，這確實符合長尾理論的圖形，只是這條尾巴非常瘦弱。❸

　　矽谷的每個人當然都知道──他們大談自由市場的益處，同時進行獨占創業投資。彼得・泰爾（Peter Thiel）是 PayPal 的創辦人，可能也是最有影響力的矽谷投資人，他表示，他只願意投資擁有獨占潛力的公司。有些科技公司寧願承受短期虧損，信奉「獲利前必須成長」的哲學，希望主宰市場。優步承受多年虧損，直到沒有競爭者之後，他們的期望股價也會上漲。

　　經濟理論推測，市場機制可以應對獨占──因為新的競

❸ 你可能聽過別人討論一種承諾讓人類擺脫壟斷和權力集中的最新科技，也就是所謂的「區塊鏈」（blockchain）。最著名的應用就是加密貨幣比特幣（bitcoin）。這當然非常有趣，我們也會在下一章詳細討論。但是，這項新科技的支持者，聽起來就像 1990 年代的科技樂觀主義者，再度強烈相信點對點（Peer to Peer）、分布式交換和長尾理論。但過去曾經發生的模式，似乎再度出現了。一小群人擁有不成比例的大量比特幣。由於比特幣「挖礦」必須依賴最好的科技和最好的電腦設備，許多加密貨幣的挖礦成果集中在一小群已經非常富裕的人和創業投資家的手上。

爭者會嘗試加入市場。科技巨人的成功或許會被好勝的新創事業顛覆。成功反抗獨占的故事和市場範例早已出現（例如，為了應對優步，當地的計程車公司開始改善表現），現在可能還不是論斷的時機。但是，一旦建立壟斷，企業就會竭盡所能保持地位。最大型的科技公司招募最好的人才，提供優渥的薪資、健康保險、私人接駁車以及住宿等福利。我最近造訪英國政府通訊總部（GCHQ），這是英國情治單位希望和民間接觸的部分活動，而他們也開始擔憂自己最好的電腦程式設計師遭到科技公司挖角，因為科技公司的待遇勝過政府提供的薪資福利（請讀者想像地方議會的慘況）。GCHQ 的大樓裡只有一間必須通過安全許可才能進入的咖世家（Costa Coffee）連鎖店，必須排隊很久，而且咖啡品質相當平庸，而臉書的倫敦總部提供免費的精品級濃縮咖啡。

　　最大型的科技公司繼續往前邁進。他們比其他公司支付更高的研究費用：美國花費最多研究發展經費的頂尖公司被描述為「科技五大巨頭」（the big five），包括亞馬遜、Alphabet（谷歌的控股公司）、英特爾、微軟和蘋果，如果有人造成威脅競爭，這些公司也有足夠的現金，能夠在地位受到挑戰之前，將他們買下來。❹我在倫敦認識許多年輕的新創企業家，他們都希望谷歌或臉書買下自己的公司。這種

結果導致大科技公司的男孩老闆抑制所有的創新和競爭，壓榨小型公司的發展和理念。壟斷權力也代表最大型的公司足以霸凌規模較小的競爭者，特別是大型公司擁有自己依賴的平臺。亞馬遜是賣書的通路平臺，亞馬遜的主宰地位不是因為賣書，而是亞馬遜可以制定價格和條款，其他的零售商只能被動接受。

贏者全拿的世界

就像過去其他的企業公司，科技公司現在也將自己的經濟權力轉化為政治影響力。每年，各個企業在倫敦、布魯塞爾和華盛頓支付數百萬美元，就是希望獲取影響力和追求利益。他們與各部會首長見面，向努力工作的政治從業人員推銷自己的理念，舉辦華麗的午餐和派對。多年來，科技巨人向來遠離複雜的政治事務，但他們已經茁壯，找到影響政治的契機。大型科技公司直接付款進行遊說，就像其他產業的公司，在美國和歐盟都是如此。[4] 2017 年，谷歌在華盛頓遊

---

❹ 臉書買下 WhatsApp、Instagram 以及 Oculus VR 之後，也想買下 Snapchat 的開發公司 Snap Inc.。亞馬遜買下 Zappos、Wholefoods 和 Audible 等等電子商務網站。

說的支出高過所有公司，金額大約 1,800 萬美元。其他的科技公司也紛紛增加遊說支出。[5]

影響力比現金更重要。在政府部門和科技公司之間，也有一扇旋轉門，讓教育程度良好且富有熱忱的人才流動。根據谷歌透明計畫的資料，在歐巴馬執政期間，一共有 53 人曾經在谷歌和白宮任職。英國的狀況非常類似，近年來有 28 人任職於英國政治圈或谷歌，包括前首相東尼‧布萊爾和前副首相尼克‧克雷格（Nick Clegg）的顧問，其中 5 人先從英國政府轉任谷歌，再從谷歌回任英國政府。

沒有任何證據顯示這些公司或工作人員的流動有疑慮，我遇到的所有相關人員都是專業人才，而且非常有競爭力，足以解釋他們如何成為熱門人選。然而，這種流動方向導致政策決策者和科技公司由同一批人才組成，他們擁有相似的價值觀和理念，參加相同的社交活動和派對。我很確定，他們也知道自己有朝一日就會到「另一邊」工作。

經濟市場的持續數位化，代表我們的經濟生活會直接導向壟斷。舉例而言，「智慧製造」（smart manufacturing）是指生產線的所有層面蒐集數據，與其他環節相互交流，創造完全的即時生產監控和分析，而這種現象不侷限於工廠。一旦產品完成，流向全世界，產品的感應器持續蒐集數

據──智慧型冰箱、智慧型玩具，以及智慧型食品包裝等
等。驚人的是，這是已經發生的現象，雖然目前的範圍有
限。所有的物品都能連結網路，不同的設備必須彼此交流數
據。你的行動電話將和你的冰箱交流，你的冰箱與你習慣採
購的超級市場交流，超級市場、供應商和製造商也會交流：
數據完整流通，影響產業鍊。如果只有一間或兩間公司提供
基礎交流設備，可以提昇效率，因此當谷歌在市面上一枝獨
秀，它就成了同業中「更好的」公司。這也能解釋，西門子
公司支付 40 億美元獲取智慧型製造能力，藉此打造自己的
產業平台 MindSphere。而奇異公司也正在建立自己的平台
Predix。「這是贏者全拿的世界。」奇異公司的數位長近來
表示。

　　同樣的道理也適用於我在第四章討論的人工智能技術。
人工智能被評為「普遍應用」技術，代表可以用在非常廣泛
的範疇。雖然具體的應用技術有差異，史帝芬的星空自動駕
駛卡車使用的數據取得和分析技術，其實與人工智能犯罪預
測技術或履歷分析技術非常相似。舉例而言，谷歌的
DeepMind 子公司不只贏得圍棋──目前也令人振奮地進行
前瞻性的醫學研究計畫，同時使用深度學習技術，提出最佳
空調使用方法，大幅改善谷歌大型數據中心的電費支出。[6]

當然也有逆勢對抗的潮流出現——專家共同設計「開放原始碼」的人工智能，內容更為透明，也希望完成更謹慎的設計，但科技整體前進的方向非常明確——邁向金錢。過去幾年，大型科技公司買下眾多前景看好的人工智能新創公司。谷歌的 DeepMind 只不過是他們近年購入的冰山一角。蘋果在 2016 年大舉支出 2 億美元，購買機器學習新創公司 Turi，英特爾過去幾年投資人工智能公司的金額也超過 10 億美元。[7]

　　人工智能市場的領導者，例如谷歌，他們擁有數據、才能、經驗和電腦計算能力，絕對不會侷限於搜尋和存取資料。他們能夠在人工智能扮演重要角色的領域大幅躍進，例如物流、自動駕駛車輛、醫學研究、電視、工廠生產、城市規劃、農業、能源使用、倉儲、辦公室工作、教育，以及我們不知道的領域。亞馬遜是零售商，同時是行銷平臺、運送物流網絡、支付系統、信用借貸、拍賣平台、書籍出版商、電視製作公司、時尚設計公司，以及雲端運算服務提供商。[8]他們的下一步是什麼？我的預測如下：十年左右，少數科技公司在雲端科技和智慧生產領域取得優勢，創造有史以來規模最大的跨產業壟斷。到了這個可怕的階段，科技公司擁有重要的地位，能夠影響全民健康和幸福生活，彷彿大型銀

行，不容許失敗。他們具備最好的科技和最好的工程師，或許只有谷歌和臉書能夠解開糾結複雜的網路犯罪（犯人可能是敵國的強力人工智能）、修復電腦問題、預測經濟震盪並且超前處理、營運全國電力網絡，甚至保護大型銀行的網路安全——可以預期的是，政府部門的網路安全人手和技術不足。[9] 在某些場合，我曾與制定政策的官員探討相關議題，我可以感覺到，他們非常希望處理科技壟斷問題，但也深知此舉將造成嚴重的經濟損失，所以窒礙難行。

軟實力：科技壟斷對民主的威脅

如果你認為上述現象過去曾經發生，你確實是對的。從某些角度而言，現代的科技公司只是追隨啟人疑竇的歷史典範，包括鐵路大亨、1980 年代的市場智庫、公關公司，以及石油大亨。只要經濟權力集中，通常就會損害政治，因為有錢有勢的人總是希望維持並且增加自己的權力。多年以前，美國最高法院大法官路易斯‧布蘭迪斯（Louis Brandies）曾說：「我們可以在美國建立民主，或者讓少數人擁有巨大的財富，只能兩者擇一。」採用自由市場機制的民主政體無法避免一定程度的經濟利益集中，但過度的經濟

利益集中，就會敗壞政治過程，因為狹隘的商業利益永遠都會犧牲其他人的福祉。

如果科技公司持續看似永不停止的成長與壟斷，將經濟力量轉化為政治影響力（根據現代資本主義的發展歷史，他們永遠都會如此），地位較差的團體就會徹底退出政治，導致政治向下沉淪，變成一場遊戲，唯有富裕公司和政治人物討論彼此的立場和想法。正如我們在川普和英國脫歐公投複決中所見，「與現實脫離的菁英人物」或「專業建造的選舉團隊」介入政治，能夠讓選民產生極大的內心反應。雖然這些選舉的投票結果令人意外，但許多人都忘記一件事：民眾認為經濟菁英和政治菁英的利益彼此相同，這是真的，因為他們確實如此。

多年來，許多民主政體已經制定反壟斷法律，避免這種情況。但特別在美國，反壟斷法的設計理念認為，只有在價格開始上升，或者消費者福祉受損時，壟斷才是惡事。[10] 現代的科技公司是不同的怪物，因為他們經常讓價格**下降**，而且是消費者心中的完美公司。有些科技公司——例如臉書和谷歌——技術上來說提供了免費服務。科技公司的定義甚至模糊不明。標準石油（Standard Oil）是一間石油公司。臉書是什麼？媒體通路？線上廣告商？社群網路平台？人工智能

公司？

　　我們必須用無關價格的標準，重新考慮現代壟斷的定義。科技壟斷對民主造成的威脅，早已超過他們的產品服務售價，而是權力和數據的集中，以及對公共空間的控制權——加上他們能夠用這股權力，日漸影響經濟活動，特別是攸關未來發展的基礎建設和科技發展。他們的科技整合各地萬物，即將席捲全世界。如果我們謹記在心，從數個重要層面而言，科技壟斷就會顯得比美國歷史中的壟斷企業，例如洛克斐勒（Rockefeller）或卡內基（Carnegie），更有害政治。

　　第一，政黨對科技公司的依賴方式，與其他公司不同。所有的政治人物都看重企業的支持，少有例外。但是，政治人物需要科技公司的平臺，用其他企業無法提供的方式接觸選民。科技公司擁有和經營政治爭辯平台。我們絕對不該忘記政治人物通常都會鋌而走險。他們精疲力竭，沒有時間，技術上來說缺乏知識，就在這個時候，出現一位現代薩滿巫師，手持百萬數據點，能夠觸及大量聽眾，還能量身訂製相關訊息。正如我在第三章討論的內容，臉書實際加入川普陣營。同樣的，谷歌的執行董事長艾瑞克・史密特（Eric Schmidt）也曾經協助歐巴馬在 2012 年的連任競選。❺ 11

　　第二，擁有大型數位平臺的基礎設備，也讓科技公司得到前所未有的機會，用不起眼但有益公司的方式，扭轉且刺激公共爭論。2017 年 9 月，倫敦交通局決定中止優步在倫敦的營運執照。根據倫敦交通局的說法，優步公司的行為「引起許多潛在的大眾安全疑慮議題，顯示他們缺乏企業責任」。後來，詭異的事情發生了。優步在請願網站 change.org 發起連署，鼓勵大量消費者參與：

　　為了保護 40,000 名優步司機的生計，以及百萬倫敦消費者的選擇權益，請簽署這份請願，改變倫敦政府禁止優步營運的決定。

　　數千名不喜歡公車的倫敦居民匆忙連署，優步公司的請願成為 2017 年人數成長最快的英國請願。[12] 大型公關公司過去製造所謂的「人工草坪」（Astro Turf）型草根社會運動，但我不記得自己曾接到 BP 石油公司的電子郵件或來電，邀請我針對石油問題進行遊說或造勢活動。莫里斯連鎖

---

❺ 當然，這也不是現代獨有的現象。在 19 世紀，西聯匯款（Western Union）公司讓勝選的政府官員可以無限制免費使用他們的電報系統，他們相信這是緩和華盛頓對公司批評的「最便宜方法」。

超市的自動結帳機器也不曾以任何形式建議我,如果希望超市將各種沒必要的商品移出客戶包裝區,我可能需要向選區議員請願,要求他們同意降低企業稅金。傳統的公司沒有方法聯絡我,但優步就藏在我的口袋。優步向消費者的手機發送電子郵件和通知訊息——表示倫敦交通局的決策「剝奪消費者的選擇權益,無法用便利的方式前往市區各地」。顯然的,優步最近甚至更新消費者使用條款,允許應用程式「只要與本公司的服務有關,可以通知消費者關於選舉、投票、公投複決和其他政治發展過程的相關訊息」。[13] 2018年6月,優步修改應用程式,訴願成功,倫敦交通局核發15個月的「試營運」執照。2018年夏天,美國保守人士也提出疑慮。他們宣稱,大型科技公司的網站平臺持續歧視他們發表的內容。相關公司否認指控,但這個爭議點出重要的關鍵:公共輿論空間,也就是當代觀念相互競爭的領域,已經逐漸仰賴私人公司的伺服器。私人公司伺服器的擁有者可以擅自決策,根據股東利益或創辦人的政治立場,顯著改變公共爭論的本質與平衡,我們甚至無法察覺。倘若臉書或推特禁止你的競爭對手,你或許覺得高興,但別忘了,你可能就是下一個。

私人公司形成的小派系擁有如此強大的權力,可以控制

公共辯論的結構和內容，影響我們接受的資訊和溝通的方式，簡直就是徹底完全的瘋狂。科技公司十分清楚這種權力的珍貴和爭議，所以謹慎揮舞魔杖。回到 2012 年，美國國會開始審查禁止網路盜版法案（the Stop Online Piracy Act）。電影和音樂公司廣泛支持這項提案，目標就是打擊提供非法盜版內容的網站。但是，谷歌強烈反對立法，甚至使用搜尋引擎首頁，讓民眾得知此事。24 小時之內，所有造訪谷歌網頁的用戶，都會看見谷歌原本的標誌變成巨大的黑盒子，連結內容則表明：「告訴國會——不要審查網路。」[14] 點下連結，網頁重新導向至請願書，要求國會駁回法案。沒有任何公司能用這種速度，連結如此多人。點閱連結的百萬民眾，立刻淹沒國會網頁。這項立法最後失敗了。我開始思考，保持網路自由確實是光榮的目標，但也符合谷歌的利益。分享住宅的應用程式 Airbnb 更進一步，花費數百萬美元創造一個社群——「社群」是關鍵，總是讓人覺得溫暖且無害——集結草根社會運動，名為「住宅分享俱樂部」，表達對抗當地管制的意願，代表「人與人之間相互結合的強力政治倡議團體」。[15] 谷歌終結禁止網路盜版法案，Airbnb 成立的「社群」協助打敗 2015 年的另外一項立法，其內容會讓 Airbnb 背後的公司支付更多稅金。

　　上述只是我個人熟悉的例子。我們不可能知道所有其他難以避免的網路爭論，目標是不是為了刺激或者影響公共爭辯的方向，符合科技公司的利益──這當然是關鍵問題的一環。

　　獨立的公共空間遭受潛在的腐敗，這個問題已經比一開始的情況更重要，因為它證明另外一個更廣泛的論點：公民社會淪為網路平臺的刻意安排以及不切實際的爭辯，不再是警覺的公民實際參與當地政治行動。最可怕的惡夢則是消費者公民被當成上癮的小孩，悲悽渴望得到便宜方便的商品和服務，不抱疑慮也不在意任何附帶的使用條款──如果科技公司提出更新報告，要求他們動員反對，數百萬名對便利科技上癮的群眾就會立刻做好準備。

　　亞里斯多德以降的民主理論家都知道公民領導的健全獨立團體重要性──例如慈善事業、環保團體或體育隊伍，他們都不是企業或政府。因為公民可以自由集結，共同追求目標，他們在教育中學習「成為自由且獨立的行動者」，而不是滿足國家或企業利益。這是健康的公民觀念──他們仔細閱讀所有服務服款，在政治上保持警覺，思考勞工權益、稅賦、零時勞工契約，知道購買行為造成的後果。這群公民也已經準備就緒，隨時可以動員表示意見，但他們的決策是基

於自己的個人利益。

亞歷西斯・德・托克維爾（Alexis de Tocqueville）可能比其他人更謹慎思忖公民在民主政治中的角色。他在《民主在美國》（*Democracy in America*）中寫道，私人結社是「民主的學校」。貴族和獨裁者比民主派更熟悉民主理論，這群人永遠都會拆解獨立的公民社會，即使公民社會團體的性質與政治沒有關係。所有的僭主都知道，組織有序的獨立公民團體，在內心深處藏有反叛和煽動的精神。

2017 年 2 月，馬克・祖克伯發表了創造更好世界的「宣言」。臉書想讓我們更靠近，建立「全球社群」，確實是立意良善的目標。不幸的是，臉書的宣言已經自相矛盾了。社群，所謂有意義的社群，並不是十億網路虛擬身分組成的抽象團體，社群應該屬於地方。現在早有許多例子，公民藉由社群網站實現更具體的現實生活運動——這當然很好。但是，正如心理學家雪莉・特克（Sherry Turkle）在《在一起孤獨》（*Alone, Together*）所說，人類通常是「孤獨，團結」，特別是在網路上與人聊天，卻無法建構有意義的聯繫，也難以學習因為共同目標而團結的藝術。當民眾參與實際的組織網絡，實踐以地方為本的政治行動，如果有必要，也會起身對抗政府或迫害他們的人。然而，數百萬名用

滑鼠點閱連結或滑動手機螢幕的使用者，藉由淺薄的數位連線，與數千英里之外的使用者連結，完全無法對抗組織官僚的實際權力。❻

　　最後，科技壟斷巨頭犧牲傳統所說的「第四權」，也就是新聞報導，換取自己的繁榮，但新聞報導是少數能夠清楚闡釋科技發展的機制。新聞報導的衰退，特別是地方報紙，相關討論不計其數，概述如下：印刷廣告和報紙銷售額度減少，因為閱讀實體報紙的讀者愈來愈少。線上廣告商更重視流量而不是品質，廣告支出和品質內容的關聯因此破碎。由於線上內容眾多，每則廣告的支出也減少了。除此之外，許多人藉由臉書閱讀文章，而不是新聞入口網站，廣告收益和消費者數據留在社群媒體平臺，而不是廣告媒體公司。在某些國家，這種情況影響的不只是金錢，社群媒體平臺擁有極大的網路流量，也創造廣告和社群媒體之間的依賴關係。[16]

　　我不想讓自己聽起來充滿對過去的鄉愁。新聞報導產業的整體衰退已經難以衡量。雖然傳統新聞媒體的收入（特別

---

❻ 這個爭論稱為「懶人行動主義」（slacktivism），政治團體使用網路進行社會運動，其內容非常有趣，也引起高度爭議。齊妮普・圖飛奇（Zeynep Tufekci）可能是全球首屈一指的網路公民團體研究者，她認為數位科技可以讓小團體的動員變得更為迅速簡單──代價就是他們會實際影響世界。

是地方報紙）急速下降，但特定媒體已經呈現恢復跡象，特別是啟用訂閱模式的優質報紙和雜誌。❼除此之外，「老媒體」依然擁有影響力。多年來，魯柏・梅鐸（Rupert Murdoch）可以在英國政治圈封官賜爵，他讓國會議員和首相非常害怕，因為他們渴望獲得《太陽報》和《泰唔士報》的支持。如今，梅鐸無法像過去那樣控制英國政治圈——特別是他旗下的報紙在 2017 年無窮無盡攻擊柯賓，希望減少柯賓的支持，但徒勞無功——其實是對民主的好消息。大多數的新聞工作者，雖不完美，確實信奉「讓讀者看見最可能的真相」，並且接受權力的責任。新聞產業的衰退令人絕望擔憂，因為新聞報導可以揭露政治世界的黑暗影響力——遊說、操弄和腐敗——都是付出辛苦代價的新聞成果，例如五角大廈文件❽、愛德華・史諾登洩密事件、天堂文件❾，甚

---

❼ 波因特研究所（The Poynter Institute）預估臉書已經從美國報紙產業奪走將近 10 億美元的廣告收入，《衛報》的前任主編艾倫・拉斯布里傑（Alan Rusbridger）推測臉書在 2016 年搶走《衛報》將近 2 千萬英鎊的廣告收入。

❽ 五角大廈文件（the Pentagon Papers），是美國國防部在 1945 年至 1967 年針對越戰的祕密評估報告，在 1971 年洩漏給《紐約時報》和《華盛頓郵報》，引發軒然大波。1996 年，《紐約時報》的一篇報導指出，五角大廈文件的內容顯示當時的美國總統詹森對社會大眾和國會說謊。

❾ 天堂文件（Paradise Papers），是 2017 年 11 月洩漏的海外投資報告，內容涉及 12 萬名人物和公司，包括英國女王、美國商務部部長。

至是《衛報》最近調查數據分析公司在英國脫歐公投複決中
的角色。

　　傳統媒體尚未死亡──新聞報導人員還有重要的工作，
包括建立公共信任，而這個使命在過去數年也急速衰退。如
果科技公司變得更複雜、更滲透、更深入政治（這是必然的
趨勢），我們需要比過去更謹慎、甚至可能代價極高的調
查，才能揭露真相。我們需要最傑出無懼的新聞人才，著手
處理各種問題，例如演算法如何運作，滿足誰的利益？科技
創造何種不義？科技在地方層級如何造成影響？谷歌正在收
購哪些人工智能公司，獲得何種新能力，背後的理由是什
麼？谷歌可以藉此完成何種目標？這些都是極度難以回答的
問題。其中一些問題，具備高度技術門檻，例如神祕的廣告
科技設備，這是網路生活中最強力但我們理解最少的其中一
項特色。❿我們也因此陷入了一種無法逃脫的困境，科技公
司迴避調查，防止自己的權力遭到制衡。

---

❿ 科技世界的廣告運作方式如下：「需求平臺」（Demand Side Platform）
　決定在哪個線上廣告空間購入廣告，與支付的金額（大多經由複雜的大
　數據分析），以及販賣網路空間的「供給平臺」（Supply side
　platform）。兩者在即時競標的交易網站上達成協議。使用者只要重新
　整理網頁，出價最高的廣告就會出現在你的頁面上──這就是網路最詭
　異的現象。很少人完全明白網路廣告的運作方式，包括付款購買廣告
　者，以及想要釐清網路廣告運作方式的監督機關。

從經濟到政治，再到文化

　　我雖然可以就此停下討論，但科技公司的下一個發展階段，或許也是最終發展階段，就是經濟權力變形為馬克思主義者所說的「文化霸權」（Cultural hegemony）：藉由控制公共大眾的想法和認知，達成宰制。這個觀念與義大利馬克思主義者安東尼奧・葛蘭西（Antonio Gramsci）與他的資本主義批判息息相關，而且值得我們思忖，因為毫無疑問的，科技烏托邦主義的論點已經影響我們的社會。

　　所有科技都蘊藏自己對於世界運作的價值和認知。古騰堡（Gutenberg）發明的印刷機不只是一臺印刷機器，而是追求普及的自由資訊交換。19 世紀出現的便士報（Penny press，價格為一便士）創造了新的八卦需求，以及對權力的批判。電報系統轉變民眾對時間和距離的認知，而無線電協助創造單一共享的民族、文化和語言。請讀者謹記在心，真正的媒介是訊息。數位科技作為社會部門，他們的媒介正在壟斷整個經濟市場。

　　回到 1995 年，左翼研究者理察・巴布魯克（Richard Barbrook）和安迪・卡麥隆（Andy Cameron）在一篇極富洞見的論文中，詳細探討新科技神童的哲學和觀念，他們命名

為「加州意識形態」（The Californian Ideology），融合舊金山文化波西米亞主義以及自由市場創業熱忱。他們認為，這種意識形態之所以吸引人，因為它提供一種方法，可以擺脫傳統財富分配或正義思辨的政治鬥爭。深刻相信科技可以解放人類，讓科技人粉飾自己與雅痞和嬉皮之間的不和諧，因為科技人承諾，只要革命降臨，所有人都可以變得偉大、酷、實現理想，而且富裕。想要建造這個烏托邦，你只需要相信「顛覆」，藉由摧毀所有老舊產業和制度，用嶄新的科技取而代之，就能達成進步的理想。賈伯斯（Steve Jobs）曾是吸毒的嬉皮，後來成為堅強的商業巨人，他就是加州意識形態的化身。

這是數位革命背後的祕密。新創公司群聚在矽谷，不只是為了建立更美好世界的前景，而是因為這才是創業投資的聖地。在矽谷，金錢和理念之間的關係非常複雜。即使創新的遠見家或者遼闊觀察社會的發明家，都需要金錢生活，才能支付舊金山灣區的昂貴房租，聘請最傑出的程式工程師。矽谷的運作基礎是浮士德的契約：金錢換取改變世界的觀念。投資創造新的責任，轉眼之間，科技人開始看見利潤空間、會計季報，以及成長目標。從許多層面而言，科技只是極度富裕者的最新工具，使用反覆測驗的技術，購買政治影

響力、建立壟斷行為，以及迴避法規，讓他們變得更富有。藉由科技，他們穿上進步的外衣，掩飾與過去相似的行為。

多年來，科技巨頭謹慎耕耘加州意識形態，即使他們是市值數百億美元的巨大企業，擁有龐大的公關團隊，他們依然將自己描繪成反體制人士；即使他們的奠基基礎是數據蒐集和監控公民的資本主義，他們依然聲稱自己支持令人興奮的解放自由科技；即使有錢白人主宰科技產業，他們依然大談社會正義與平等。有時候，我思忖成為「馬克·祖克伯」這個人，必定令人心智混亂。2014 年，臉書員工只有 2% 是黑人，女性員工比例低於三分之一。收購 WhatsApp 時，臉書也被揭露向歐洲聯盟執行委員會（European Commission）提供不準確的使用者數據。然而，2014 年稍晚，祖克伯卻主張「我們的哲學是使用者至上。」[17] 這些科技公司的行為愈惡劣，就變得愈富有，也花費更多金錢讓自己看起來很酷，大談公平和社群。這絕對不是巧合。

富裕企業耕耘現代的熱門理念，不只是因為社會大眾的直接壓力，也是為了金錢輸送，藉由智庫、TED 演講、獎助金、贊助和顧問諮詢，將資金交給與企業擁有相同世界觀的人物和理念團隊。[18] 透過資助智庫和逐漸成長的學術研究，社會大眾對於科技的認知平衡也改變了，雖然不明顯，

但確實如此。[19]

　　科技公司的行為不僅如此。我們現在使用的 iPhone 和網頁瀏覽器在全世界流動加州意識形態，用各種誘人的數據影響我們的思維，認為顛覆就是解放，完全的個人主義使人獲得力量，各種小型裝置等於進步。有時候，這種想法是對的，但並非社會改革的鐵律。相信他們的意識形態，代表我們認為科技公司已經走入未來，回頭給我們一張地圖，指引我們如何前進。我已經很難想像未來的學校教育沒有 iPad（蘋果）、沒有頭戴式虛擬實境裝置（臉書擁有的 Oculus 公司），也沒有程式碼課程（由谷歌經營）。英國全國防止兒童虐待協會（NSPCC）近來的調查結果顯示，將近半數的孩童渴望未來可以在科技業任職。更令人沮喪的統計數據則是，30% 的孩童希望成為百萬選一的專職 Youtuber。每個國家都想建立自己的矽谷，每個城市也有成為科技城的雄心壯志。閱讀左右光譜的所有政治宣言，你會發現自己迷失在只有智慧城市、精實政府和彈性勞工的世界。

　　想要認真批評這個現象，你就要承受被貼上「盧德運動人士」❶的標籤，因為你就是「不懂未來趨勢」。

　　我們應該期待誰可以解決人類社會的集體問題？這個角色已經不是國家了，而是現代科技世界的超級英雄。太空旅

行和氣候變遷的重責大任落在伊隆‧馬斯克身上，而我們期待谷歌處理健康問題和人口老化。臉書必須決定何謂言論自由，並且對抗假新聞，亞馬遜的傑夫‧貝佐斯（Jeff Bezos）拯救《華盛頓郵報》免於破產，並且資助學術研究。一位英國國會議員近來曾經建議我們採用優步公司的模式經營英國國民健康保險，另外一位議員則主張採用Airbnb的租賃模式管理需要住院過夜的病患床位。

　　壟斷者的完全勝利不是經濟或政治——而是認知、觀念和可能的未來。只要達成這個目標，大型科技公司不必遊說或買下競爭對手。他們也會巧妙滲透我們的生活與心智，我們根本無法想像沒有他們的生活。

❶ 盧德運動（Luddite），是英國 19 世紀民間對抗工業革命的社會運動，當時的盧德運動認為工業革命使用機器代替人力，導致失業。後世將反對任何新科技的人稱做盧德主義者。

第六章

six

加密無政府的可能？
Crypto-Anarchy

完全的自由
是否終將導致國家的終結？

（vi）

　　加密無政府正在崛起——這是一種藉由加密技術減少國家權力的哲學，背後的動力就是保護我們的網路隱私。然而，加密無政府也挑戰國家權威的基礎，讓國家弱化，瀕臨瓦解邊緣。

　　幾年以前，我受邀到布拉格的「加密無政府研究所」（Institute of Cryptoanarchy）演講。帕維爾（Pavol）邀請程式設計師、自由主義者，以及加密無政府主義者齊聚一堂，他私下也是一位溫和的駭客，使用多個假名。根據他送來的電子郵件，這場聚會的主題是「去中心化」（decentralised）。信中寫道：「國家權威的觀念逐漸老舊。信用模型、數位合約以及加密貨幣建立的經濟系統，讓中央政府變得無用。」

　　加密無政府研究所位於布拉格市中心的一間三樓房屋，房屋名稱是「平行城邦」（Parallel Polis）。平行城邦設立於 2014 年，由一群藝術家和熱忱的密碼學家打造，他們希望探索使用科技建造個人自由空間的方法。1968 年，布拉格經歷「布拉格之春」，公民渴望從蘇聯手中奪回自己的自由。帕維爾告訴我，現代的國家權威自稱世界的民主派人士，其實只是提供自由的幻覺，依然控制所有人事物。這次的活動為期一周，目標就是使用比特幣、加密傳訊應用程式以及匿名網路瀏覽器，加速國家權威的消亡。

　　加密無政府是過去 50 年來少見的原創政治哲學，而且充滿革命性質。它就像反烏托邦的科幻電影，結合加密技術（使用數學方法隱藏某些事物）以及無政府理念（反對政

府）。

　　一個寒冷的周六清晨，我抵達迪楊尼茲卡街（Dělnická Street）的建築物。這棟建築物很顯眼，房屋正面的黝黑磚瓦在灰色的鄰近建築中脫穎而出，彷彿海灘上不尋常的石頭，而「加密無政府研究所」的亮白色字體就寫在前門。我稍微遲到了，現場早已充滿二十歲和三十歲左右的男性與會來賓，他們用中大西洋地區風格的英文交談，幾乎所有駭客、密碼學愛好者以及比特幣研究者都能說這種英文。一臺3D 印刷機在背景嗡嗡作響，現場還有販賣比特幣紀念上衣和愛德華・史諾登的海報。線材接上插座之後，每個人都在盯著一行又一行難以理解的電腦語言：Java、Ruby，以及C++。我正在四處尋找充電座，看見牆上懸掛一張列印輸出的《加密無政府主義宣言》（Crypto Anarchist Manifesto）：

　　　加密無政府的幽靈遊蕩於現代世界。電腦科技就快要讓所有人和團體採用完全匿名的方式溝通互動……科技發展將徹底轉變政府法規、稅金、經濟控制以及隱藏資訊的本質，最後也會改變信任和信用的本質。

　　這份科技自由宣言來自一位年輕加州人提摩西・梅

（Timothy C. May）的手筆，寫於 1980 年代晚期。任職英特爾的時候，梅曾經在電腦記憶體晶片設計領域完成幾次絕妙的技術突破，但他真正關切的是當時看來非常詭異的嶄新網路如何改變政治。他與數學家艾瑞克‧休斯（Eric Hughes）和電腦科學家約翰‧吉爾摩（John Gilmore）合作探索這個主題（網路歷史的愛好者都知道，吉爾摩在 Usenet 網路領域中創造了 Alt 群組而惡名昭彰）。他們三人都是來自加州的激進自由主義者，很早就開始學習電腦科技。美國西岸的許多自由派演講探討即將到來的數位解放時代並且大受好評時，技術能力更高超的三人組早已明白，數位科技更有可能創造反烏托邦政府，全面進行國家諜報和監控。他們相信，避免這場惡夢成真的唯一方法就是讓人民可以使用強力加密技術，保護他們的網路身分。加密是藝術和科學，讓你可以保護祕密，如果你不希望某些人知道，他們就不會知道，你也可以自由選擇向誰分享資訊。1990 年代，使用網路的民眾愈來愈多，政府權威機關想要防止民眾使用強力加密技術，因為他們害怕網路空間成為恐怖主義和罪犯的避風港。當時盛行「公開金鑰加密」（public key encryption），發明於 1976 年，讓聯邦調查局（FBI）非常不悅，因為公開金鑰加密技術讓祕密訊息變得更安全，而且便於使用。[1]

　　上述的三人組希望愈多人使用加密技術愈好。他們設定一份電子郵件清單，舉行聚會，邀請十多位心意相投的人，打造加密技術，再向全世界分享。一位記者參與早期的幾次聚會，他稱呼這個團體為「密碼龐克」（cypherpunk），這個詞是文字遊戲，結合密碼（ｃｙｐｈｅｒ）和塞博龐克（cyberpunk）這種類型的小說，塞博龐克因為威廉・吉布森（William Gibson）等科幻小說作家而開始流行。密碼龐克知道自己如果進入政治戰場必然敗北，所以他們決定打造科技，建立法律無法管束的數位空間。1987 年，他們的電子郵件名單繼續增加，他們發出的第一篇文章是數學家查克・漢米爾（Chuck Hammill）的作品，名為《從十字弓到密碼：藉由科技阻礙政府》（*From Crossbows to Cryptography: Thwarting the State via Technology*）。「我只有相當有限的時間、金錢和力量，無法說服國家放棄監聽和所有型態的審查。」漢米爾寫道：「有鑑於此，我可以教導所有追求自由的人學習使用密碼學，自行阻礙國家竊聽。」

　　密碼龐克認為，密碼加密的功能不只是保護公民。他們相信，加密也可以創造全新寬闊的網路空間，甚至讓社會更趨近無政府天堂，政府的權力遭到嚴重弱化。許多密碼龐克主張，民主政府的選票影響太多個人的自由決策。「政治過

去不曾讓任何人享受永恆的自由，未來也不會。」1993年，梅如此寫道。他認為，科技或許可以。

有時候，相對無害的發明可以締造社會組織的嶄新可能。19 世紀中葉，想在北美西部設立農村社群是不可能的，因為遊蕩的牛群總是摧毀穀物。但是，他們發明有刺的鐵絲網（barbed wire），將尖銳的鐵絲綁在繩子上，再用第二組繚繞的繩索固定鐵絲，圈出一塊封閉土地。遊蕩的水牛消亡，美洲原住民的生活方式也遭到摧毀（美洲原住民將這種有刺的鐵絲網稱為「惡魔繩」也是情有可原）。[2] 著名的科技史教授馬文・克蘭茲伯格（Melvin Kranzberg）曾說，科技「總是有好有壞，不可能是中性的。」

公開金鑰加密技術就是加密無政府主義者的有刺鐵絲網。這個技術讓民眾可以越過政府的掌控進行溝通、瀏覽網路和交易，政府難以掌握資訊，也就無法控制公民。公開金鑰加密技術使用單純宛如魔法的規則，採用質數的特性，解開密碼需要的電腦計算能力，遠遠高於加密[3]，就像打破蛋殼取出雞蛋很容易，但要把雞蛋塞回蛋殼很困難。朱利安・亞桑傑（Julian Assange）也曾經是提摩西・梅的電子郵件清單成員，他如此描述加密技術：「宇宙相信加密。」

比特幣：最受歡迎的加密無政府技術

　　1990 年代，極為重要的加密無政府團體預期、發展或協助流動幾項重要的技術，現代電腦用戶經常使用這些技術，避免各種類型的資訊監控。除了其他技術之外，梅提倡安全保障加密貨幣、匿名瀏覽網頁的工具，以及不受政府管制的市場空間，他稱之為「暗網」（BlackNet），使用者可以購買或販賣所有物品，最後則是匿名舉報（吹哨）系統。到了千禧年，美國政府已經大致放棄，加密無政府似乎贏了。但是，911 事件之後，恐怖主義的威脅導致美國政府獲得全面掃蕩監控的權力，加上電子商務和社群媒體激增，百萬民眾開始用自己的網路隱私交換免費服務——這是加密無政府主義始料未及的結果。

　　但加密無政府回來了，因為他們發現一般的網路使用者只要點下滑鼠，所有的數據都會遭到蒐集，英國政府通訊總部、臉書、俄羅斯駭客，還有我們不知道的各種人物。於是，大約 500 名左右的加密無政府主義者，在周末回到加密無政府研究所，他們是一小群密碼龐克運動的代表人物，希望重新點燃過往夢想的燭火。事實上，加密無政府的捲土重來，從某些角度而言，其實就是回應我在本書探討的科技發

展趨勢。他們懷抱光榮的希望，追求保護網路自由和隱私，數百人集思廣益，想要創造輕巧的方法，保存網路祕密、避免審查，對抗政府集權控制。過去數年來，「加密派」已經在全世界掀起一陣波瀾，網路使用者可以學習保護網路隱私的最新技術，匿名網路瀏覽器開始受到歡迎，例如Tor，可以觀看網路內容，不會洩漏使用者的位置（也能夠存取使用非標準網路協定的加密網站「暗網」）。現在還有數百種加密訊息應用程式，包括 Singal、WhatsApp、FrozenChat、ChatSecure，以及 Wickr 等等。維基解密繼續揭露各國政府和政治圈的祕密，也造成軒然大波。

　　目前最受歡迎的加密無政府技術可能就是比特幣。如果你不清楚，比特幣是一種數位貨幣，我不會在本書詳細描述比特幣的內容，因為已經有許多優質的相關介紹文章，在此我只簡略描述：比特幣的數量存放在比特幣位置，想要取得比特幣，你必須使用一組獨特的字母數字密碼，你可以將密碼存放在網站、桌上型電腦、行動電話，甚至紙張。所有人都可以在自己的電腦下載比特幣錢包，從貨幣交易網站使用傳統貨幣購買比特幣，再用比特幣購買產品或服務，使用非常簡單，就像發送電子郵件。交易迅速，沒有手續費，而且保障網路安全，沒有中央政府控制比特幣的價值或供應，也

沒有中間人抽取手續費。想要建立比特幣帳號，你甚至不必提供真實姓名。正如所有的新科技，比特幣也有創建初期問題❶，而且受到質疑和價格浮動影響，但只是早期問題。塵埃落定之後，比特幣或許不會成為單一主宰的加密貨幣，但它可以維持地位，因為比特幣向一般民眾和公司企業提供許多益處。

　　更重要的是，即使各國中央政府並未支持加密貨幣系統，民眾依然願意使用。抵達加密無政府研究所時，我排隊購買食物和咖啡，我打算使用在機場以相當可怕的匯率換取捷克的官方貨幣克朗（koruna），但加密無政府研究所不接受克朗。「我們只收比特幣。」現場的銷售助理人員向我說明（後來，我才知道這是全球唯一只接受比特幣的交易場所）。人類放棄金本位之後，各國貨幣的基礎都是消費者的信任。我們採用英鎊或美元，因為我們相信其他人也會如此，而他們相信比特幣和支持比特幣的數學。在加密無政府研究所的咖啡廳，員工的薪水是比特幣，共同工作空間的房

---

❶ 比特幣主要的問題如下：「挖礦」能力過度集中在少數人手中、交易速度有待提升、環境成本、「首次代幣發行」（initial coin offerings）引發疑慮，以及少數人擁有大量比特幣。（譯注：首次代幣發行一詞來自證券界的「首次公開發行」（IPO），即加密貨幣將使用權賣出換取融資。）

租也用比特幣支付。他們給我一張黃色的塑膠卡片，上面有一個 QR 碼，我在其中一臺黃色自動提款機，將其他金錢轉為比特幣。從此開始，如果我希望購買任何物品，我只需要掃描這個 QR 碼。一杯咖啡？叮一聲就完成交易了！一罐紅牛？叮一聲！一碗匈牙利湯？叮！愛德華・史諾登的明信片？叮！我完全沒有用到克朗。❷

　　比特幣的用途不只是金錢，也是一種處理資訊的新方法。請讀者耐心閱讀這一小段重要的技術導覽。每一次，用戶將比特幣支付給受款人，交易紀錄就會儲存在區塊鏈，區塊鏈是所有比特幣交易創造的大型數據庫。交易紀錄集中在區塊，每個區塊代表十分鐘的交易，按照時間順序安排，也會儲存前一個區塊的數位簽章（digital signature，俗稱的「雜湊」資訊），這個區塊完成交易之後，可以確保下一個區塊能夠加入區塊鏈。區塊鏈紀錄由數千臺安裝相關軟體的電腦進行獨立維護，區塊鏈的完整歷史交易紀錄無法消除或編輯，因為必須編輯所有儲存紀錄的獨立電腦。倘若你曾經讀過「比特幣是匿名交易貨幣」的說法，嚴格說來並不正

---

❷ 當時，1 比特幣的價值大約是 300 英鎊，現在則超過 5,000 英鎊。以現在的價格換算，當時的一杯咖啡價值 75 英鎊，加密無政府研究所的某些員工或許已經能夠退休了。

確，因為比特幣依然有數據庫紀錄。但是，即使區塊鏈記載交易紀錄，也沒有使用者的身分資料，所以某些作家傾向使用「假匿名」形容比特幣。簡單地說：區塊鏈是一個大型、分散且防止竄改的數據庫，每個人都可以增加交易資訊，但沒有人能夠刪除。

比特幣區塊鏈的設計目標是儲存財務交易資訊，但也能儲存其他訊息。事實上，新的區塊鏈允許儲存複雜的編碼訊息。這個改變的革命意義等同於發明網路，因為這是更為去中心化的訊息儲存方式。加密無政府主義者欣喜若狂，甚至為此推出紀念上衣，相關技術的頂端思想家宛如搖滾明星。區塊鏈運動的領導者在都市中心專屬場地舉辦成本昂貴的研討會，成員天天都在酒吧聚會。這個社群充滿熱情、能量，以及數十億美元的商機。各式各樣的區塊鏈應用程式也紛紛釋出，例如 OpenBazaar（中文意為「開放市集」），提供不可能遭到強制關閉的點對點交易市場、去中心化的檔案儲存方式，以及分散型網域名稱系統，記錄印度土地擁有權，對抗詐欺並且預測市場發展。以去中心化區塊鏈為基礎的社群媒體也正在開發階段，達成完全不可能審查或控制的目標。

區塊鏈新浪潮最重要的功能，或許就是「智慧契約」

（*smart contract*），可以自動執行交易指引程式碼。智慧契約的觀念由尼克・薩博（Nick Szabo）在1994年提出[4]，他也是梅的電子郵件清單最初的密碼龐克成員。智慧契約的運作方式如下：交易方按照程式方法制定合約，只要滿足特定條件，程式自動運作——例如，提供完整的發票資訊，就會自動匯款。因此，只要設置智慧契約，就不會遭到外力介入。

　　加密無政府尚未成為社會主流。作為內容明確的哲學和思潮運動，加密無政府的地位依然邊緣，許多使用加密技術的人不認為自己是加密無政府主義者。畢竟，這項科技早已成為全球電子商務以及眾多熱門傳訊應用程式（例如WhatsApp）的基礎。加密工具和觀念早已進入主流，我們將會何去何從？

匿名的喜悅

　　這些科技能夠用數種重要的方式協助民主，也有益於個人自由。我很幸運，能夠在穩定的民主社會中享受寫作，但這個世上還有廣大的土地居民，他們只有限制自由的政府，政府否認公民的意識和言論表達自由。加密技術可以保護他

們——包括新聞記者，他們當然是民主社會的關鍵。

　　比特幣也有積極正面的使用方式（根據相同原則建立的加密貨幣亦是如此）。某些國家的貪腐政治人物，經營過度榨取手續費用的銀行，加密貨幣可以立刻將金錢送到世界各地，不必繳納銀行手續費用，解放當地人民。加密貨幣也提供安全的數位支付方式，讓數百萬被排除在正式銀行系統體之外的民眾還有選擇。這些都是重要的益處。區塊鏈可以創造的經濟繁榮具備極為驚人的潛力——如果能夠與物聯網共同發揮效益更是如此。請讀者想像一座安裝感應器的橋樑，可以偵測細微的錯誤以及必要的修復，追蹤行經橋樑的車輛。一旦橋樑產生嚴重問題，就會自動執行智慧契約，所有的用路人都會按照使用比例被收取維護費用。這個設置對政府運作相當有益。英國政府希望這種無法修改的數據庫能夠帶來契機，在「政府機構和公民之間，創造更美好的透明交易」。愛沙尼亞則是全力發展，他們的公民已經可以登入採用數位身分系統的區塊鏈，確認醫療人員是否曾經檢閱公民的健康資料——倘若有，公民可以要求得知原因。

　　我在第五章探討科技壟斷，在第一章描述自由意志之死，而加密無政府可能就是唯一能夠挑戰這些現象的觀念。二十年前，早在其他人之前，提摩西・梅等人早已察覺人與

人之間完全聯繫導致的危險。我在本書探討的許多挑戰，都是重申加密無政府主義者對公民監控以及數據管理的恐懼。對抗科技巨人無盡追求數據主義，加密無政府的技術將在未來幾年至關重要。

但是，這場革命的終點遠比其支持者理解的更遙遠。雖然追求隱私和自由的立意良善，我們依然冒險損毀權利的基石。許多自由派人士非常短視，因為他們想要自由**以及**平等，卻不知道兩者之間的關係有時非常緊張。所以加密和隱私創造詭異的政治結盟。近年來最著名的例子，當然就是社會民主派人士擁護加密無政府主義者朱利安・亞桑傑。

民主的重點當然是個人自由，但這不是民主的全部精神。民主也是一種實施強迫手段的政治系統，因為它可以奪走你的自由。國家強迫你繳納稅金，註銷你的護照，限制集會遊行自由，如果有必要，甚至強制逮捕，讓你坐牢。國家掌握資訊，藉由納稅紀錄、土地登記、犯罪紀錄、人口普查和護照審查，建構合法的強迫系統。國家控制的道德基礎是法律和權力代表人民的意志，保護特定的基礎人權。

加密無政府主義是對抗國家控制的火藥，因為它挑戰各國政府控制境內公民和資訊的權威。加密無政府主義者相信，我們的權利和自由不應該仰賴民主政體通過的法律，而

是法律、法官或警察都不能改變或摧毀的科技。加密無政府主義者主張，資訊不該存放在政府掌管的祕密數據庫，而是沒有任何人可以控制的去中心化系統。盧梭（Rousseau）曾寫道，人在出生時就接受了社會契約，社會給予我們權利，也讓我們承擔國家能夠藉由暴力強制執行的責任。加密無政府主義者希望免除責任，但也會犧牲權利。從最基礎的層面挑戰國家權威，加密無政府主義的幽靈正在民主政治的核心遊蕩，正如提摩西‧梅的預測。

網路犯罪：法律與秩序瀕臨失控

　　讓我們思考國家常見的首要責任，也就是法律與秩序。即使沒有加密無政府主義，網路依然是警方的棘手難題。網路同時放大人類的創造力和破壞力，裨益個人自由，但不利於執法機構，他們的工作範疇時時刻刻都在增加——而且經常無力回應。人與人之間的聯繫愈強烈，我們就愈脆弱。俄羅斯人現在可以坐在伏爾加格勒的地下碉堡偷走你的金錢。如果我的立場偏激，我也可以打開網路匿名瀏覽器 Tor，進入暗網，向全世界發送勒索軟體，獲得比特幣贖金，欺壓毫無警戒的網路使用者，他們只是點閱我提供的惡意連結（但

我不會這麼做）。上述的行為都不需要太複雜的技巧或知識。5

　　檢警單位成功起訴網路犯罪的例子根本無法相提並論。我們的警察難以對抗俄羅斯駭客，不能阻止個資外洩交易，甚至無法移除網路上的非法色情影片。但我不認為加密無政府主義樂見此事——他們並非如此。對於公民個人而言，更好的加密方式是解決數位犯罪的其中一種方法。但是，加密無政府主義的思維愈盛行，情況只會愈惡劣。網路上幾乎已經沒有遵守法律的加密無政府空間了。「絲路」（Silk Road）是暗網中的一個交易市集，設立於數年之前，就在比特幣問世之後。「絲路」市集使用 Tor 匿名瀏覽器，隱藏買賣雙方的地點，加密溝通訊息內容，使用比特幣作為支付方式。2011 年至 2013 年間，「絲路」完成的交易金額超過 12 億美元，主要商品就是毒品。雖然「絲路」終於遭到關閉，但暗網仍有數個交易市場，用亞馬遜購物的方式買賣非法個人資料、毒品，以及孩童虐待圖片。

　　請想像採用區塊鏈的社群媒體（Mastodon 就是其中一例），貼文資料同時儲存在數個去中心化的區塊鏈資料庫。臉書的伺服器存放在公司控制的大型數據中心——代表他們隨時可以刪除或編輯使用者瀏覽的資訊。區塊鏈類型的社群

網路平臺沒有威脅——政府不能編輯或移除仇恨言論、非法圖片以及恐怖主義思想，除非區塊鏈系統遭到徹底刪除。區塊鏈支持者討厭「中間人」。他們大談如何使用科技力量擺脫中間人，提倡沒有管理者的契約、沒有會計師認證的發票，以及沒有銀行家的銀行。然而，中間人確實有其用途。警方經常抱怨臉書和推特依法撤除貼文的速度緩慢，甚至毫無回應。但是，這兩間公司已經開始遵守當地法律，因為他們是伺服器的擁有者，必須遵守相關責任。很快的，警方回首過去，就會感激臉書和推特，記得至少當時還可以尋找中間人進行相關處理。在去中心化的網路，法律猶如癡人作夢，還不如立法改變月球軌道吧。[6]

加密無政府主義的提倡者不明白警察和司法系統失去大眾信任的風險。舉例而言，倘若警方無法移除網路上的非法資訊，不能起訴網路犯罪，也難以阻止惡意軟體，我們又該如何？活在民主社會的部分「交易」，就是我們捨棄一定程度的個人自由，保護其他的集體權利，最重要的權利就是安全。加密無政府主義的興起，代表政府很快就會開始掙扎，接著，失去達成協議的能力。

這個議題很重要，因為我推測未來科技將讓一小群人擁有更強大的破壞能力，代表國家的權力不會減少，而是增

加。我雖然不明白其中原因，但現代人總是想要完成唐吉訶德式的使命，讓所有事物彼此相連。十年之內，你的電視、寵物、房屋、汽車、冰箱和衣物，都會加入肉眼看不見的「物聯網」，安裝智慧晶片，彼此交換數據。這種發展有時可以拯救生命，智慧型消防警報能夠立刻啟動行動電話的警示，解開門鎖和聯絡消防隊，但也很有可能讓我們的生活變得脆弱，因為「物聯網」裝置的安全標準很糟糕，非常惡名昭彰。車用裝置、智慧型汽車、嬰兒監控螢幕以及家庭網路攝影機都曾經發生名人遭到侵入事件。往後，這種現象會深入個人生活。舉例而言，不用太久，你的智慧型咖啡機可能就會被勒索軟體入侵——你必須支付贖金，才能享受早晨的咖啡。

　　每一天，想要成為網路犯罪者的難度都會降低。今年稍早傳出一則消息，據說網路流傳一種容易取得的程式碼，名為 AutoSploit（自動漏洞），可以自動搜尋防護薄弱的物聯網裝置。程式發現裝置之後，掃描 Metasploit 資料庫，尋找最好的漏洞攻擊方式。這是完全自動犯罪：你只需要執行程式，程式在網路空間中銷聲匿跡，竭盡所能駭入其他人的裝置。除了艱困的法律問題（如果你根本不知道誰的裝置遭到入侵，檢警又能用何種罪名起訴你？），這個工具代表你不

需要任何知識，就能成為一名駭客。這種工具常見的設計目標是讓資訊安全專家找出系統漏洞進行修復，這是非常美好的努力，但常被心懷不軌的人利用。如果去中心化的網路系統結合人工智能，又會發生什麼事？馬克‧古德曼（Marc Goodman）在最近的作品《未來的犯罪》（*Future Crimea*）中猜想，假如現代艾爾‧卡彭（Al Capone，美國黑幫著名人物）控制一座強力的人工智能系統，就能可以入侵汽車，刻意造成車禍。這個問題已經不限於網路。人工智能專家斯圖亞特‧羅素（Stuart Russell）提出一種非常可怕的情境：黃蜂體型大小的無人機在市面上廣泛流通，可以發射小型炸彈攻擊人類眼睛，進而奪走人命。他推測，有朝一日就會出現價格低廉的無人機，能夠設定程式目標，遠端遙控飛行攻擊目標，使用臉部辨識系統準確殺人，也能夠自行摧毀，避免任何資訊遭到曝光。即使政府部門立法禁止生產可怕的殺人無人機，它們也會出現在暗網市場，根本無法杜絕。

　　這些事情並非一夕造成，所以你還不必緊張地關閉電腦瀏覽器。警察也不是完全沒有用途，即使是暗網用戶或加密貨幣的使用者有時也會遭到逮捕。如果有關當局決定追緝你，他們一定會找到方法。問題是追查起訴網路犯罪的成本愈來愈昂貴，也消耗更多時間，代表警察的成果也會愈來愈

少。由於執法成本變高，犯罪門檻也會降低。

　　在犯罪的領域，永遠都是罪犯和警方的攻守軍備競賽，自從現代警力和司法機構成立之後，犯罪和警方處於尚可接受的平衡，但我們不該愚笨假設情況永遠如此，過去幾年的發展也不太樂觀。

加密貨幣對政治與金融的威脅

　　如果你認為這個現象令人擔憂 —— 我相信你應該如此——比特幣對政府的潛在威脅也確實存在，因為比特幣直接挑戰國家作為合法壟斷貨幣的唯一來源。現在許多用戶認為比特幣更有效率，不會被政治局勢影響，而不是將比特幣視為全能的黑市貨幣，得以推翻政府體制。但如果金錢獨立於政府之外，政府就無法支付開銷。中央銀行有權印製鈔票，代表他們能夠增加減少印製額度（藉此提高政府收入），也更容易追查金流，查緝不法行為或增加稅金。比特幣是交易和保存價值的媒介，具備國際性質、假匿名性質，而且不受政府控制。「我們過去擁有政治權威背書的金錢。」加密貨幣專家多明尼克・佛瑞斯比（Dominic Frisby）寫道：「現在我們擁有數學認可的金錢。」

　　比特幣的技術設計特質也讓我們可以思考這種現象的背後原因。在比特幣問世之前，多年來，加密無政府主義者都在夢想設計去中心化的匿名支付系統。密碼龐克電子郵件清單成員經常討論這個議題。千禧年來臨時，其中一位成員培瑞・梅茲格（Perry Metzger）設立一個新的密碼學論壇，提供成員討論。2008 年年底，中本聰（Satoshi Nakamoto；日本媒體亦作中本哲史）首次提出比特幣的概念。請注意，加密無政府主義者喜歡匿名，沒人知道此人的真實身分。中本不信任全球銀行系統，他認為比特幣可以打敗它們。他討厭銀行家和政府擁有提供金錢的權力，得以按照自己的目標操弄金錢價值。中本設計比特幣的生產上限（2,100 萬），也限制比特幣的生產時間表，確保沒有任何中央政府或中央銀行可以為了滿足自己的利益，大量生產比特幣，造成通貨膨脹。雖然現實世界的貨幣可以買賣比特幣，但創造新的比特幣不需實際鑄造。只要願意使用電腦計算能力，通過認證，進入公共帳本區塊鏈競爭，就有機會賺取小額比特幣（也就是俗稱的「挖礦」）。挖礦採取點對點的加密準匿名系統，就是為了讓比特幣交易難以連結至現實生活的真人交易，各國政府無力取稅金或監控相關用戶。

　　我不認為現在的銀行體系很完美，但如果加密貨幣取代

現有貨幣系統，會導致大量問題。首先，政府更難增加稅收來源，必須仰賴公民進行自我身價評估，如此一來，通常會減少稅收，因為公民的財務狀況混亂，政府也難以有效監管。[7] 除此之外，逃稅變得更嚴重，洗錢情況也是如此，因為加密貨幣不會受到商業法規或銀行帳戶限制（比特幣雖有公開帳戶區間，但其他加密貨幣，例如 Monero 和 Dash 更難以追查）[8]。誰知道還有什麼狀況？某些企業可能會完全仰賴區塊鏈，使用不可追查的加密貨幣進行交易。

各國政府已經開始更縝密地調查如何課徵加密貨幣的稅金──目前雖然多半關切資本利得，而非收入或支出。[9] 如果歷史可供我們參考，代表加密貨幣知識最淵博的人物就會參與各式各樣的投機事業和逃稅，而沉重的稅金負擔落在中產階級身上，他們也會因此愈來愈憤怒。考慮我們目前面對的社會挑戰，例如：健康保險、環境氣候變遷、犯罪和戰爭，減少民主政體的稅收能力並不是明智之舉。我們必須記得，英國、法國和美國革命都是源自公民不同意稅金的合法徵收方式。正如「沒有納稅就沒有公民代表」，加密貨幣的使用者不願意納稅，就沒有代表他們並且保護他們的國會，因為沒有資金成立相關機構。事實上，倘若沒有稅金，又何必選出代表人民的政府？

　　想要理解加密無政府主義對國家挑戰的基礎性質，其中一個方法就是思考政府當局的回應。各國政府絕對不可能放棄稅金或審查——他們的第一步就是打倒加密無政府。暗網絲路交易市集的創辦人羅斯‧烏布里奇（Ross Ulbricht），網路暱稱「可怕的海盜羅伯斯」，終於遭到逮捕之後，遭判多個無期徒刑而且不得假釋。佛斯特法官在法庭上宣判嚴酷刑期之後，表示絲路交易市集的存在「……令人擔憂、誤導人心，而且非常危險。」烏布里奇遭判殺雞儆猴式的殘酷刑期，是因為實際運作的匿名網路市集直接威脅國家權威。同樣的道理也適用於美國法院對「匿名者」（Anonymous）駭客團體的刑責——匿名者團體成員經常因為破壞網站而遭到判刑。英國內政大臣曾經提議，在網路上瀏覽極度惡劣內容的最大刑期應該改為**十五年有期徒刑**，這種刑責已經接近極權政體。也請讀者思考雀兒喜‧曼寧（Chelsea Manning）將機密檔案洩漏給維基解密的刑責。網路犯罪的極端懲罰代表政府開始發現嚴重性，威懾可能是政府唯一的武器。當然，這個跡象不代表政府擁有強大的力量，相反的，政府非常脆弱。

　　加密無政府的崛起還有另外一個更深刻的原因。加密無政府主義者認為科技的力量勝過政治，就像一種信仰。他們

看待全球局勢，並且回顧歷史，看見民主政治的決策創造一張漫長的壓迫、貪腐以及痛苦清單。坦白說，迄今以來，民主政治確實並未妥善管制金融市場。雖然，各國政府因為近年來的全球金融危機而實施若干管制措施，但銀行家的紅利依然是天文數字，應該負責的人也若無其事地繼續生活。民主導致環境毀滅，而且無法應對。許多民主政體嚴重受到金主和遊說專家的影響，讓政治遠離庶民的生活。每一年，數十億美元流至海外人頭帳戶以及糾結複雜的空殼公司。民眾當然會失去信心。《民主期刊》（*Journal of Democracy*）近來的研究報告指出，在 Y 世代（也就是出生於 1980 年之後的千禧世代）美國人中，只有 30% 同意「我們必須活在民主社會」，而 1930 年代出生的人有 75% 同意，其他民主國家的民意調查也呈現相似結果。[10] 民主的失敗讓加密無政府主義變得誘人，年輕人更容易受到吸引。相較於民主的無能且不善言語，加密無政府主義就像一種宗教神學，不可動搖、完美而且永恆。

　　許多追求隱私權的社會運動者都相信加密技術，他們的理由高尚而且充滿知識色彩。許多人無意建造沒有國家的加密無政府烏托邦，但那可能就是現代世界正在前往的方向。提摩西・梅或許是加密無政府主義背後最有影響力的人物，

他相信，未來的數十年間，我們熟悉的民主就會瓦解。幾年以前，我曾有機會採訪梅。當時的局勢讓他非常高興。「老兄，這些事情肯定會讓『老大哥』嚇壞了！」他告訴我：「我們馬上就可以看到沒用的貪吃鬼下臺了！」他半開玩笑地說。「全球大約 40 億至 50 億人注定滅亡，加密可以替 1% 的人，將世界變得安全。」這才是加密無政府主義幻想的最後目標，一個孤獨的世界，只有 1% 的人口，免除所有限制和社會任務——彷彿住在電腦機器中的匿名幽魂。

結

論

Conclusion

迎向未來的挑戰
Say Hello to the Future

vii

　　各種觀念彼此爭鳴，探討科技可能如何改變社會。我們想像科技時代激發自由，但真正可能發生的結果，其實完全相反：更多人將支持威權觀念和威權政治領袖，希望重拾社會控制和秩序。在守護民主的偽裝中，民主可能緩慢遭到摧毀嗎？

行筆至此，讀者已經看到我認為遭到削弱的民主六個支柱，但沒有人可以肯定，現代的科技革命將帶來何種結果。我發現，多數人心中都有兩種可能的政治結果，我分別稱為「烏托邦」和「反烏托邦」，當然，最後的答案取決於讀者自己的政治觀點。

在政治光譜的左右翼，已有更多人開始想像，商品財物的成本下降，加上機器提昇生產力，我們可以創造富饒的世界，終結沒有意義的工作。我們的生活變得更快樂輕鬆，實現心中的理想。更傑出的創造力，更多的資訊，也能持續讓我們更有智慧，資訊更通達，也期待自己變得更仁慈。但是，為了確保沒有人遭到遺棄，必須使用某種類似全民基本收入的方法，平均分配財富。許多人相信，這就是美好的烏托邦。

相形之下，反烏托邦的未來結局則是中央政府逐漸失去妥善運作的能力。不平等日漸惡化，一小群擁有全數科技的人，得到所有財富，其他人別無選擇，只能靠著服務富人維生。政府失去權威、權力，以及代表人民的權利。秩序逐漸崩解，世上最富有的人躲進戒備森嚴的堡壘，就像艾茵·蘭德（Ayn Rand）的著名小說《阿特拉斯聳聳肩》（*Atlas Shrugged*）。一個人的惡夢，可能是另外一個人的天堂。強

硬派的加密無政府主義者，例如提摩西・梅相信，這是通往
加密貨幣和無國界網路社群的後國家天堂時，必然發生也期
望發生的步驟。

　　當然，這兩種結局還有更細緻現實的差異。我不是未來
學家，但我相信兩種想法都低估了一個重要因素。科技本身
無法決定結局，而是未來的贏家和輸家如何回應科技帶來的
改變。❶因此，我提出第三種可能的結局，其基礎就是我在
本書探討的發展趨勢同時成真。當然，結局不會完全符合我
的描述，因為這個世界難以預測。我的想法不是指路地圖，
而是警告：倘若我們可以想像未來，就能避免危機。

經濟與社會的不平等

　　我認為，到了這個階段，不平等的惡化已經無可避免，
也會導致許多社會問題愈發嚴重，包括社會情緒抑鬱、酗酒

---

❶ 在科技相關書籍當中，並未真正思考科技的進步和改變如何影響政治，
　請參考馬克斯・鐵馬克（Max Tegmark）的《Life 3.0》（*Human 3.0*）
　以及尼克・博斯特隆姆（Nick Bostrom）的《超智慧》（*Superintelligence*）；
　完全相反的例子，請參考史帝芬・李維茲基（Steven Levitsky）和丹尼
　爾・齊布拉特（Daniel ZiBlatt）的《民主國家如何死亡》（*How
　Democracies Die*），幾乎沒有提到科技。

和犯罪。皮凱特（Picket）和威金森（Wilkinson）在《精神層面》（*The Spirit Level*）一書曾說，一個國家的經濟不平等愈嚴重，就會創造大政府，因為警力需求、健康保險需求、監獄需求，以及社會服務需求都會全面增加。由於零工經濟、海外公司（離岸公司）以及加密貨幣形成可怕的結盟現象，導致國家稅收減少。國家政府無法滿足公民需求，不能處理社會科學家法蘭西斯·福山提出的「低度社會平衡」造成的挑戰和危機，無能的政府引發公民的不信任，於是公民不願服從，也收回政府有效運作的必要資源。這是惡性循環，我認為現代社會已經開始目睹這種毀滅性的循環均衡。

經濟不平等持續惡化的社會效應，則是社會結構逐漸破碎，由不同的社團和族群構成，彼此的工作、求學環境和人生道路再也無法交會，網路和現實生活都是如此。其中一個可以預期的不平等發展，就是「享受個人人工智能助理和高度生產力的科技生活人」，以及「無法追上相同水準的低端階級」。科技生活人的政治參與程度提高，低端階級的政治參與程度降低，於是科技菁英更容易「俘虜」低端階級，正如我在第五章對於壟斷的討論。

倘若事態發展至此，許多人就會將機器視為控制和壓抑人類的武器，而不是解放人類的方法。❷我們是否早已看見

許多跡象顯示民眾開始反對科技？例如過去幾年出現的「數位排毒」（Digital detox）、「離線生活」（off-grid），以及反優步示威。請想像自動駕駛汽車和星空公司的自動駕駛卡車上市之後，難道我們真的相信司機只會消極接受，認為他們的曾曾曾孫可以變得更富裕，而且死於車禍的機率降低，所以覺得欣慰？如果民眾認為機器威脅自己的生計，也沒有任何務實的替代方案，或者缺乏追求財富的途徑，他們就會嘗試破壞機器運作。遭到取代的卡車司機握有白色油漆以及外流的操作手冊，他們可以刻意改變道路標線，造成自動化駕駛卡車發生車禍或者無法順利運作。此時，他們又該如何看待川普曾經承諾我們不會因為自動化作業而失去工作？

這種現象不是民主崩解，只是造成情勢緊繃──高度不

---

❷ 一旦自由和人權精神問題掀起波瀾，社會不滿的激烈程度就難以預期。1978 年至 1995 年間，綽號「大學航空炸彈客」的泰德・卡辛斯基（Ted Kaczynski）在各大學和航空公司設置 16 枚炸彈，造成 3 死 23 傷。卡辛斯基是哈佛大學的數學天才，二十多歲時銷聲匿跡，他的犯案動機是科技摧毀人類文明，將社會導引至無人性的暴政和控制。他把自己的想法寫在長達三萬字的反科技宣言《工業社會及其未來》（*Industrial Society and Its Future*）。倘若我們可以忽略卡辛斯基的種族歧視和暴力革命，他對數位科技的觀察，從現在的觀點而言，充滿洞見同時令人不安。他預測超級智能機器將統治社會，民眾過度仰賴科技而產生心理疾病，以及科技菁英造成嚴重的全球不平等。

平等、社會分裂、經濟困境，以及虛弱無能的政府。然而，這種情況也不會導致上述討論的烏托邦或反烏托邦，而是製造危險環境，讓民主轉變為全新的威權主義。史帝芬‧李維茲基和丹尼爾‧齊布拉特是研究民主失敗理論的學者，根據他們的說法，我們總是以為使用武器的暴徒會終結民主，但其實民主也會因為民選政府而安靜消亡，他們緩慢移除制度限制，獲得憤怒分裂且極端的公民支持。根據我個人的想法，真正的民主威脅，其實是許多人開始認為民主價值和制度無法解決社會問題、減少犯罪或創造工作機會。

倘若人民失去對民主的信心，他們會投向何方？答案很簡單，更多人傾向「系統一」的民粹領袖，他們承諾恢復秩序、控制和社會穩定——即使犧牲民主制度和規範也在所不惜。❸舉例而言，我們應該擔心，世界價值觀調查（World Values Survey）已經發現，過去二十年來，許多民主國家的公民都愈來愈喜歡極權主義領導人。[1] 我雖然不認為百萬選民會突然全體支持一位法西斯主義者或新列寧主義者，但正

---

❸ 波蘭國會最近通過一項法案，將法官和最高法院的任命權交給法律與公正黨——表面上看來，是為了加速司法程序，並且打破社會俗稱的法律專家「特權堡壘」。在匈牙利，「青年民主主義者聯盟—匈牙利公民聯盟」政黨多年來持續剝奪獨立媒體的調查權。這些現象背後的原因不只是民粹政黨的操弄，而是他們的人民也渴望這個結果。

如大衛・朗西曼（David Runciman）在《民主會怎麼結束》
（*How Democracy Ends*）所說，我們不應該持續回首 1930
年代，以為可以找到解決線索（請記得，威碼共和時的人口
中位數是二十五歲，現代多數民主國家的人口中位數則是二
十歲，而法西斯主義容易吸引年輕人的注意）。[2] 現代民主
一定會用完全不同的方式消失，但不會在一夕之間——因為
這是長期累積的問題。

　　民主消失的其中一種可能方式，就是政府和公民逐漸喜
歡採用極權主義的反民主科技手段，解決民主社會無法處理
的問題。民眾相信，坐擁大權的獨裁者擁有更強大的科技之
後，可能讓他們變得更富裕，得到更充足的生活科技工具。
他們使用聰明的人工智能處理氣候變遷、鎮壓失控的犯罪，
完全終結能源、飢餓和其他問題。自動化的決策機器也更有
效率地分配資源，避免不理性且缺乏正確資訊的人參與。倘
若所有人的健康數據都能夠交給強大機密的演算法進行分
析，平均壽命也會上升。如果讓政府負責處理加密貨幣，沒
有任何隱私，達成極高效率，增加稅金收入。

　　原本希望解放人類自由生活的科技工具，倘若交給科技
極權統治者，就會變成強大的隱性鎮壓工具，雖然創造平順
的社會運作，卻不會讓我們自由，也無法要求極權統治者對

這一切負責。

反烏托邦，走向科技極權主義？

在不同的領域，上述現象呈現不同的面貌，我們先探討法律和秩序。正如我在上一章的討論，藉由犯罪行為追求民主精神的情況日漸嚴重，強迫政府祭出嚴刑峻法，才能平息爭議，維持尚可處理的犯罪率。由於警方缺乏資金，只能仰賴大數據和犯罪預測軟體，這是便宜且有效率的方法，能夠讓犯罪率保持在社會大眾可接受的範圍。❹但是，大數據和犯罪預測技術只會導致既有的偏見和不平等變得更為惡劣，而不是解決根本問題。

請讀者思考第一章提到的麥可·柯辛斯基和其他聰明的科技人創造的演算法，只要分析你喜歡何種牛仔褲，就能得知每個人的行動傾向和其他特質，例如同性戀、激進政治立場、犯罪、批判，或者政府不喜歡的任何特質——在我們「犯罪」之前，強制介入處理。中國政府正在設置社會信用制度，評比 13 億人口的信用指數。中國政府主張，藉由絕

---

❹ 這種警務人工智慧系統已經出現了，最有名的例子就是 PredPol 和 CompStat。

對的透明和監控，增強社會信任與「誠信」。這個系統就像評比中國公民生活的所有層面（信用紀錄、社會生活、個人生活和職場表現）。公民分數影響他們的社交生活或擇偶機率。[3] 在中國警方的聲明中，他們理所地認為公民信用分數可以「打造光榮信任的公共輿論空間」。

至於比特幣，請想像每筆加密貨幣交易紀錄都存放在政府主導的數據庫，政府也掌控所有密碼。中央政府機構蒐集你的金錢和交易紀錄，留存在不可修改的資料庫，連結到另外一個區塊鏈，記載你的健康紀錄、個人數據和信用分數。

我們眼中追求進步的科技菁英，確實可能成為危險的煽動者，或者同意極權思維。他們可能受到主宰社會的權力誘惑，輕而易舉地反對個人自由，主張群眾不可信任。過去兩百多年來，個人自由和財富攜手並進，因為自由有助經濟發展，而經濟發展讓更多人生活富裕，所以珍惜自由。如果這個良性循環遭到摧毀又會如何？倘若未來的經濟成長不再仰賴個人自由和創業精神，而是憑藉資本以及研究創業智慧型機器？假設富有的人不了解窮人，甚至不喜歡窮人，他們為何需要窮人？在這個情境下，「全民基本收入」就不是讓公民獲得權力且實現夢想的烏托邦理念，而是百萬富翁防止貧困社會大眾起義反抗的好手段。

　　這個現象也是預期中產階級衰退如此令人擔憂的原因。中產階級是我們對抗反烏托邦的堡壘。自從大眾參與的民主政體出現之後，中產階級一直是最熱心的支持者，而不是追求進步的富裕自由派人士。所以我擔憂的數位成癮、自由意志遭到侵犯、槓鈴型經濟，以及暴民分裂問題非常嚴重。倘若傳統的中產階級因為不平等持續惡化、過度數位成癮，並且依賴電腦機器，導致產生實質的虛弱效應，我們擔憂的未來情景就會立刻發生，社會也沒有時間、意願或資源進行相對應的行動。因為，相較於軍隊領導者占領廣播電臺或電視臺，我描述的民主危機更難以察覺。孱弱的獨立媒體、公民社會只有科技公司資助的非政府組織，加上網路社會運動人士缺乏組織經驗或資源，根本無法阻擋緩慢朝向科技極權主義的發展趨勢。在人人都能找到發聲平臺的年代，「民主」的觀念不會消失。我們還有公民投票、國會議員與其他制度，但可能徒有形式，真正的權力和法定權威，早已逐漸集中在一小群科技巫師的手中。不被控制的自由，無法創造更偉大的自由，而是讓我們走向溫和有效且隱匿的新型態科技極權主義。許多人無法察覺，能夠察覺這個趨勢的人也不在乎。

矽谷的末日準備者

我們對於上述現象的擔憂太少。從直覺上而言,解放人類生活的科技工具看似對民主有益,因為有助個人自由,反而讓我們忽視更大的問題。相較之下,科技的創造者其實非常害怕。

最近,我拜訪安東尼奧・馬丁尼茲(Antonio Garcia Martinez)。幾年以前,馬丁尼茲依然活在科技人的夢幻生活。他是矽谷的新創事業人,周圍的夥伴都是待在開放計畫辦公室努力的年輕百萬富翁。2014 年,馬丁尼茲將自己創立的線上廣告公司賣給推特,賺了一筆小錢,在臉書擔任資深執行經理,他在暢銷書《混沌猴》(Chaos Monkeys)中談到自己在臉書的工作經驗。2015 年的某個時間點,他思考不遠的未來,只能看見冰冷的世界,而不是科技同儕承諾的「人與人之間完全連結,完全分享資訊的美好烏托邦」。「我已經看見以後的發展。」他告訴我:「非常可怕,我認為未來很黑暗。」他才剛滿四十歲,已經決定尋找逃出生天的方法。他現在住在華盛頓州海岸的歐卡斯(Orcas)小島,土地面積五英畝,只能駕駛四輪驅動的車輛,行經顛簸的泥土道路,穿過濃密的森林,方可抵達馬丁尼茲的住宅。

他的新家不是閃亮的玻璃建築以及有品味的外露磚瓦，只有圓形帳篷、一塊小型建築用地、幾把槍和子彈、一個堆肥廁所、一臺發電機、電線和太陽能板。

　　安東尼奧不是唯一一位認為我們用滑鼠手機「點」向反烏托邦的科技創業家。里德・霍夫曼（Reid Hoffman）是領英（LinkedIn）公司的共同創辦人，也是一位極富影響力的投資人，他在 2017 年接受《紐約客》專訪時表示，將近半數的矽谷億萬富翁已經準備他所說的「末日保險」（apocalypse insurance）。PayPal 的共同創辦人與重要創業投資人彼得・泰爾最近在紐西蘭購入 477 英畝大的避難中心，也入籍成為紐西蘭公民。其他人則在臉書的祕密社團討論末日生存策略，例如直升機、防轟炸地下碉堡、比特幣以及黃金。科技發展不是他們害怕世界末日的唯一原因——還有恐怖主義、自然災難以及大規模流行病——但科技發展確實是主因。根據安東尼奧的說法，矽谷許多科技創業家和他一樣，對於自己親手打造的未來前景感到悲觀——只是不願公開表示。我認為他準備槍枝武器和圓形帳篷實在太誇張了。「你有什麼？」他一邊說，一邊胡亂撥弄巨大帳篷。「你只是賭世界末日不會發生。」我來不及回答，他早已精確說出我的想法。「你還有希望，那就是你的一切。希望？

希望只是破爛的圍籬。」

在古希臘神話中，水手有時必須勇敢穿越西西里島和義大利之間狹窄的美西納海峽。根據傳說，海峽的一側是女妖斯庫拉（Scylla），一種可怕的海怪，吞食所有太過於靠近的船隻。想要避開斯庫拉，則會讓船隻靠近同樣可怕的另一側——致命的漩渦怪物卡律布迪斯（Charybdis）。數位科技對民主社會的權力和控制正在緩慢揭曉。我們眼前最明確的危險就是斯庫拉——加速惡化的不平等和社會崩解，但想要逃開，民主就會成為數位科技獨裁的奴隸，就像中國和俄羅斯，以維持秩序與和諧之名，傷害民主價值。民主社會必須和過去一樣，在控制和自由的兩種拉扯當中，保持穩定的路線，代表我們接納改善生活、促進健康，並且實現人生目標的科技，同時確保科技臣服於民主控制，符合公共福祉。

洛克（Locke）、盧梭、傑佛遜和孟德斯鳩（Montesquieu），每位都用獨有的方式，成為現代民主的建造者。倘若他們穿越至 2018 年，必定會因為智慧型手機、飛機、比特幣、醫院、表情符號以及火箭發射器而感到目眩神迷。他們也將同樣驚奇地發現，現代民主的運作方式依然如同輪車、馬匹、毛瑟槍和蠟燭的時代。每個階段的民主應該都是

自己時代的產物——民主的創新天賦，就是能夠因時制宜。就像人工智能，民主是一種「普遍應用」科技。古代雅典人能夠處理面對面的城邦民主。社會規格變得龐大複雜之後，代議民主制度讓民主保持運作。群眾政黨以及民主稅務系統則是應對工業時代和群眾普選的方法。這本書雖然分析科技的失敗，但許多敗筆的部分原因是民主無法跟上激烈發展的腳步。

現在，我們面對一場全新的潛伏戰爭，爭奪何者才是社會運作的最好方法：科技運作或人民治理？民主依然是確保富裕和穩定的最佳方式嗎？這些問題同時探討精神和技術。目前，科技似乎已經找到答案。民主制度想要獲勝，必須在大數據、智慧裝置以及普遍連結的世界中，提供令人振奮的答案以及追求目標的可行之道。在最後的結語，我將提供二十種方法，雖然不容易，但值得努力。

我們彷彿受到詛咒，注定活在有趣的時代。民主過去曾經改變，現在當然也可以。在這個階段，民主的結局尚未決定。除非我們願意改變，否則民主必然遭到科技革命的淘汰，最後只能加入封建制度、王權制度以及共產制度，雖然成功運作，但無法應對科技變遷的政治實驗，只能靜靜消失。

結語
守護民主的二十種方法

激烈的科技發展可以讓我們獲得能力、自由和富裕生活，但唯有科技臣服於健全的民主系統，讓民主社會得到足夠的權威和行動能力，才能同時向人民與公共福祉負責。

　　民主無法拯救自己。想要在數位年代生存，我們需要結合公民的激烈行動、政治領導者的勇敢觀念與激進改革。民主必須因應數位時代而重整，再度贏得公民的信任與信心。在未來的幾年之內，我們的使命就是尋找可行的解決方案──新的管制措施、新的法律，以及新的行為規範。樹立道德權威和力量，增強民主的六個支柱就是起點。否則，民眾將開始失去對民主的信心，甚至無法信任「科技進步」的觀念。這將是橫亙世代的漫長挑戰，以下則是足以提供幫助的二十種方法。

警覺、獨立思考且道德自主的公民

▌ 培養自己的意見

　　文明步調愈來愈快，社會大眾缺乏時間和注意力，代表我們永遠都在尋求其他人幫助選擇和決策，例如各個網頁的好處，選擇使用谷歌地圖或其他地圖服務，我們總是將獨立思考的責任「外包」給其他人。從短期的角度來看，這些幫助確實有益，但長期來看，可能弱化獨立思考能力。如果涉及政治和道德決策，就會變得更危險。

▌ 對抗分心

　　在數位時代，我們無法理所當然地做自己，想要捍衛約翰·斯圖亞特·彌爾（John Stuart Mill）所說的「自由心智」（the freedom of mind），需要真正的付出和投入。我們在網路的所有細微言論都是一種政治表態，足以造成改變，也值得自己專注思考。謹慎規劃個人時間和空間，否則我們只是網路成癮的奴隸，無窮無盡瘋狂沉迷線上人生──犧牲凝聚和專注的力量。我們應該擁有暫時抽離網路科技的時間，避免「定期檢查智慧裝置的循環」，而且永遠、永遠不要點下「重新整理」按鈕。正如面對所有的成癮，我們必

須用真正的紀律調節自身行為，請將此視為成為警覺公民的其中一種責任。我們必須趁早孕育這種習慣。學校應該禁止學生使用行動電話，包括休息時間，法國現在已經立法明文規定了。

▌建造全新的數位倫理與成癮防治中心

我們需要建造全新的數位倫理，讓科技巨人參與，鼓勵他們設計真正有助人類良善生活的服務，而不是追求最大數量的使用者點閱，並且符合谷歌前任設計師崔斯坦·哈里斯（Tristan Harris）提倡的「良好時間應用」（Time Well Spent）運動以及「有意義的互動」，例如，讓使用者可以輕鬆查閱個人使用時間，或者「你想休息嗎？」的提示，提供此類型服務的公司也愈來愈多了。符合道德標準的說服方式以及不符合道德標準的說服方式之間，必須有明確的區分。人性價值經濟也應該取代注意力經濟。❶

科技公司也應該肩負更多責任，處理產品服務導致的問題。根據英國賭博管理委員會的社會責任規章，所有合法註冊的賭場都必須提供資金，幫助研究和治療賭博相關上癮傷

---

❶ 讀者可以在谷歌網頁看到更多相關資訊。2017 年底開始，馬克·祖克伯也經常使用「良好時間應用」一詞，請參考 http://humanetech.com/

害的組織。臉書和谷歌等科技公司也應該比照辦理。

用普遍同意的現實認知與妥協精神，打造民主文化

▌打破同溫層、試圖消除仇恨

　　我們都知道，網路充斥大量的仇恨言論。許多立法規範者要求相關公司更積極處理問題，但此種措施也有過度管制網路的危險，導致言論自由或隱私遭到侵犯。我們必須謹慎避免矽谷的科技公司和演算法的運作策略，讓社群媒體轉變為「被消毒」的公共討論空間。然而，如果民選政府要求撤除特定內容，或者向有關當局提供相對資訊時，必須盡快完成，否則科技公司就應該繳交鉅額罰鍰。

　　責怪他人很容易，但我們都有保持網路禮儀的責任。努力專注**傾聽**與自己意見相左者是一個非常好的起點，而不是反駁他們或猜疑他們別有用心。當你上網時，嘗試使用「善意理解原則」，也就是用最好的可能方式詮釋對方的觀點，從此開始努力。政治應當喧囂爭執，但其基礎信念是彼此的意見可以擁有合理的差異。努力打破自己的同溫層，尋找不同的資訊來源，加入新的臉書社團，或者提出不同的回應。

設身處地理解與自己不同的立場，謹記善意理解原則。永遠遵守網路的黃金原則：即使某個人在網路上非常惹人厭，他在現實生活也不一定都是如此。

▎培養獨立思考的教育系統

　　現代社會面臨這種狀況，問題並非全在公民身上。我們的教育系統必須回應過量且令人混亂的世界。教導年輕學生如何分辨各種不同的網路資訊，就是當前學校教育系統可傳授的最重要知識。所有學校都要教導學生慎重瀏覽網路內容所需要的批判思考。按照不同的訊息內容判斷是非對錯，不是新學問，但我們需要特別的技術和知識系統，結合「古典」技術（查證資訊來源）和數位世界運作的「新」知識（演算法和影像剪輯），以及學習如何深刻理解自己的心理偏見和不理性思維。

　　大多數的學校都有自由派人士，在新的環境中，他們偶爾會遭到忽略，但許多自由派人士是資訊知識的專家。他們應該領導學校教育的媒體知識，並且獲得更重要的職位。網路上的誘導資訊影響的不只是年輕人，父母也常受到不良影響。然而，關於網路生活，其實有充足的書籍和資源可以帶領我們精進思考。❷

▍立法監督演算法

演算法逐漸成為集中權力的重要新工具。祕密設計的演算法，已經創造出以數據為基礎的偏見，以及無法察覺的不公義，我們急迫需要一種民主機制，讓演算法負起正確的責任。無論國家或國際，我們的立法者必須讓相關的政府官員，例如美國國家稅務局或英國教育標準局，擁有足夠的權利，派出具備必要技巧的工作人員，檢查大型科技公司的演算法，無論是隨機抽查或回應特定舉發。所有國家都應該建立技術嫻熟、資源充沛而且強力的監督系統，確實揭露演算法濫用。「徹底揭露」現代演算法的內容可能不容易，但依然可以慎重檢閱和監督。在選舉期間，這個觀念尤其重要，政府必須要求相關單位合理解釋新聞風向的變化，追查社會大眾接收訊息導致的選情變化。

▍打破現有廣告模式

常言道，「如果你並未付款購買商品，代表你就是被賣的商品。」以廣告模式為基礎的網路經濟發展，將人類轉變

---

❷ 網路有許多資源，可以查證資訊來源真偽，例如美國 PolitiFact 網站以及英國 FullFact 網站。然而，光是查證資訊還不夠，廣泛的批判思考才是必要能力。

為數據點，我們必須阻止這個現象，但唯有同心協力才會成功。請發揮自己的政治權益，支持這項改變──追求更透明的網路服務，使用不蒐集且販售個人資料的網路服務（例如付費使用更好系統），增強隱私設定，下載防廣告軟體。如果你喜歡探險，也可以刻意點閱自己不喜歡的頁面、社團、連結或廣告，藉此混淆數據模型。我個人將這種行為命名為「數位混亂策略」，目標就是讓錯誤的數據點進入你的剖繪分析資料（不過，我可能建議你先通知朋友，以免他們過度驚訝）。

　　社群媒體平臺堅持他們的服務定義「只是傳遞資訊的通路」，代表他們不需因為平臺出現的內容而負擔完全的法律責任。特定國家政府已經開始思考改變這個情況，讓社群媒體平臺和傳統出版商一樣，必須承擔印刷出版品的法律責任。如此規範或將要求所有的上傳內容都要接受事前審查──但全面審查不切實際，而且也不合理。更好的方法是區分使用者的個人創作內容以及廣告付費內容。如果社群媒體平臺**受款**刊登特定內容，應當視為特定形式的出版品，而平臺提供者必須承擔完全的法律責任。

自由、公平且獲得大眾信任的選舉

▋ 更新競選相關法律

我們必須思考生於「類比時代」的選舉法規，如何應對「數位時代」的現實生活。民主國家的選舉監督委員會也要堅持，相關人物在社群媒體的支出必須明文登記並且透明公開——隨時可以接受調查，確保沒有濫用個人資料或者不正常的金錢關係。[1] 政黨應該建立數據庫，公開選舉期間使用的所有數據點、廣告和精準投遞技術——就像他們針對電視廣告所做的。新聞從業人員和學術研究者就能分析揭露其中錯誤。要求選舉公開透明，可以確保選戰更為公正誠實（雖然程度不大），甚至嚇阻惡意競選技術，例如第二章提到的「心理變數」。❸

▋ 選舉假

我們的政治生活愈趨近精準目標鎖定廣告，社會大眾的

---

❸ 許多艱困的問題依然有待處理，其中之一就是候選人如何證明自己的支出毫無疑慮（小型社群平臺沒有良好的對帳系統），更大的問題則是衡量並且管制選舉期間交給第三方組織進行的大量小額廣告支出（也就是「非政黨競選」）。在英國，價值超過 500 英鎊的現金、物品、房地產或服務都應該向選舉監督委員會報告，但難以精準登記。舉例而言，如果一位擁有百萬追隨者的網路名人貼文表態支持，其價值又是多少？

共同基礎就會愈狹隘。彼此爭執代表更多機會，讓公民思考
自己的觀念，接觸舒適圈之外的其他人物。選舉日應該成為
國定假日，讓公民有機會完整思考候選人在競選期間提出各
種令人眼花撩亂的承諾、保證、片面事實和胡扯。政見發表
會、辯論會以及團體討論會也應該納入國定選舉日範圍，甚
至包括選舉前一天，因為各國的競選活動時間限制不同。

▍監控網路機器人帳號

　　我們無法完全禁止機器人帳號，所以必須追查監控機器
人帳號、網路搗亂人士以及其他有影響力的網路使用者，在
選舉期間是否用各種方式影響公共輿論。現在已有許多獨立
團體關注網路機器人亂象，例如牛津大學的「運算政治宣傳
觀察團隊」（computational propaganda team）以及「保衛民
主聯盟」（the Alliance for Securing Democracy）。保衛民主
聯盟成立於2017年，目標是制衡網路對民主的攻擊，包括網
路操弄。社群媒體平臺開始承擔更多責任，明定官方政策，
盡可能與網路監督組織合作，分享數據、情報和專業技術，
辨識各種機器人操弄方式，讓社會大眾知情。

維持社會平等，保持中產階級活力，共同投資社會

▌分享財富

上個世紀能夠創造相對穩定且強壯的中產階級並非偶然——我們需要同樣水準的想像力和介入方式，才能應對現代的經濟轉型。為了完成這個目標，政府勢必更為介入經濟市場運作，其中一個方法就是重金投資民眾轉職訓練計畫，獎勵民間單位創造新類型職業，特別是在剛萌芽的產業領域，例如氣候變遷適應、大數據、生物科技以及健康照護。倫敦和其他地方政府單位應該設計民眾喜歡的應用程式或產品服務（就像優步），將利潤留給勞工階級，而不是創新投資人。政府也要增加未來經濟基礎建設的投資（或者設立投資標準），例如自動駕駛汽車產業網絡，成為公有公營或至少接受政府管制的設施，提供各家汽車廠商公平競爭的平臺。

▌新的徵稅方式

我們需要新的徵稅方式——土地、資源以及碳排放稅都需要重新思考，因為企業稅和所得稅可能都會在未來幾年下

降。其中一種可能的選項是整體收入基礎稅（revenue-based tax）（取代所得基礎稅〔profit-based tax〕），能夠針對網路國際經銷商（也能稱為亞馬遜稅〔Amazon tax〕）。如果我們看得更遠，或許也需要課徵取代人力的機器人稅。如果一位工人可以替工廠增加 2 萬 5 千英鎊的年收入，機器人直接取代他的工作之後，工廠主人應該要被課徵相同比例的稅金。雖然準確制定稅金以及要求相關人員配合很艱難，但課徵機器人稅可以成為新型態的資本稅——這個方法的好處是機器人工作的地點為政府的司法管轄範圍，相較於課徵海外公司的企業稅，執行更為簡單。

▌新的職能支持網

　　經濟環境改變，我們需要採用新的財富重分配和社會安全型態。雖然全民基本收入非常受到歡迎，我不認為可以實際應用至經濟和社會層面，但值得進一步探討。未來就業的關鍵可能是持續學習和發展技巧，因為勞動市場採用新科技之後也會迅速改變。我們已經無法期待自己大學畢業之後，就能學會足以工作至退休的專業技能。因此，我們應該嘗試「全民訓練收入」，只要公民保持在特定產業學習就業，政

府就應該支付他們的收入。❹這個措施可以鼓勵民眾繼續學習未來發展趨勢需要的專業技巧。

▋保障勞工權益

　　許多工作變得岌岌可危，中產階級逐漸仰賴政府保障權益和合理收入。強制確保零工經濟或各種凋零產業的最低薪資和有薪病假，只能創造微不足道的保障。政府必須更重視勞工權益。我們需要修改不合理的資本勞力利潤比例。其中一個方法，就是政府讓零工經濟的成員可以更輕鬆地成立工會，例如，優步司機、單車外送人員、雜務工人等，類似要求零工經濟公司必須提供平臺，協助勞工成立工會。重要的是，我們必須明白，這些措施的重要程度不限於零工經濟的工作者──當勞動力獲得更適宜穩定的收入，也會裨益整體社會。

---

❹ 另外一種方法是結合資本收入和教育學習。舉例而言，英國皇家文藝學會（Royal Society of Arts）近來讓所有五十五歲以下的會員申請一次性教育學習「資本收入」1 萬英鎊。

競爭經濟和獨立公民社會

▍建立公平交易

　　使用者協助建立現代巨型壟斷企業，我們持續上癮使用免費的數位服務（和便宜的計程車），讓相關企業更為強大。使用這些應用程式和網路服務的民眾也要肩負部分責任。我們必須知道，廉價或免費的服務其實也有無形成本：可能是你的個人權益或者經營公司聘請的勞工。我們必須改變自己的選擇，打破壟斷，停止餵養數據怪物。市場上有許多規模較小且符合企業倫理精神的公司提供社群媒體、網路搜尋、計程車以及房屋租賃服務。研究這些公司的內容，替自己的選擇負責──尋找符合企業倫理精神使用數據的公司，與勞工公平分享利潤的公司，以及採用點對點或開放資源的服務。他們的費用可能更昂貴，服務效率也較差，但我們應該明白這是值得支付的代價。❺（牢記在心，我們使用得越多，就會讓他們變得更好。）請記得，良好的新聞報導也需要金錢營運，請考慮訂閱或小額捐款，也包括地方報

---

❺ 舉例而言，我們可以用 Bandcamp 取代 Spotify。倘若經濟能力許可，搭乘當地計程車公司而不是優步，Etsy 取代 Amazon，DuckDuckGo 取代谷歌搜尋。

紙，這是要求地方政府負責的機制，也是訓練新生代記者的
基礎。

▌反壟斷

我們必須重新理解現代壟斷，他們的基礎是整合數據、
分享市場或交換持有市場比例——價格或消費者福祉已經不
再是有效指標。政府也需要更有自信執行反壟斷法，在合適
的情況下，要求新型壟斷公司重新組織，並且增加地方管制
和更強硬的政策控管，避免剝削。在這本書付梓不久之後，
歐盟也即將執行「一般資料保護規範」，這就是必須有效執
行的好例子。❻想要促成良好的結果，公民也要積極要求政
府執行新的權力。

除了美國境內的法規之外，很難想像我們要如何打破科
技公司既有的壟斷現象。更適合其他國家的方法，則是刺激
鼓勵國內競爭。一般資料保護規範也包含「個資可攜權」
（data portability），公民有權要求科技公司交出與公民自身

---

❻ 一般資料保護規範（General Data Protection Regulation; GDPR），是歐
盟制定的管制法律，強化歐盟公民的個人資料保護；舉例而言，這個法
律要求企業取得且分享用戶個人資料時，必須獲得更明確的同意。所有
歐盟境外公司處理歐盟公民的資料時，也要遵守這個法律。這是歐盟迄
今針對數據資料通過最重要的法規。

有關的數據。這是非常重要的公民權力，但幾乎不會有人執行，因為孤軍奮戰難以成功。因此，政府應當鼓勵民間成立這類數據傳輸產業，公民可以更輕鬆仰賴第三方公司取回自己的數據——協助公民自主選擇誰可以在何種條件之下，使用其數據。公民主導的數據產業，亦能協助以數據為基礎而設計服務內容的新創公司。

▎更安全的良好人工智能

　　人工智能絕對不該淪為贏者全拿的公司營運系統財產。我們也不能在國際人工智能發展競賽中落後，必須勝過非民主國家的人工智能。我們應該鼓勵人工智能發展，要求人工智能服從民主控制，更重要的是，制定嚴格的法律規範，確保人工智能的運作符合公共利益，不會遭到侵入或濫用。[2]核子武器的創造者知道武器的威力，因此努力管制武器，讓核子反應爐更安全，人工智能的創造者也應該承擔相同的責任。馬克斯‧泰格馬克對人工智能安全的研究就是很好的例子。❼

---

❼ 馬克斯‧泰格馬克（Max Tegmark），是傑出的人工智能專家，也是人類生命未來研究所（The Future of Life Institute）的共同創辦人。人類生命未來研究所是一間非營利組織，探討科技造成的挑戰，其中一個重點就是進行全球研究計畫已獲得伊隆‧馬斯克的資助，確保人工智能的發展可以裨益人類生活。

強制執行人民意志且負責的主權國家

▌數位空間的執法布局

在未來幾年，想要保持法律和秩序的良好運作，必須增加執法單位的預算，提昇能力，增加執法工作者人數。招募新生代的「數位警察」，請他們在虛擬空間的街道巡邏，發展全新的網路情報、調查和法庭形式。政治人物不應該繼續主張我們不需要後勤警員，因為後勤警員就是我們最需要的人力。關心公民自由的團體會有合理的擔憂。因此，只要警力增強，就要同比例提高監督和審查。舉例而言，在英國，通過安全審查，證明沒有洩漏情資疑慮的民眾，都可以監督情報和安全委員會（the Intelligence and Security Committee）以及警察投訴獨立委員會（the Independent Police Complaints Commission）。

▌管制比特幣與首次代幣發行

比特幣和區塊鏈令人興奮，但已經逐漸失控。在可能的情況下，金融監管當局必須管制加密貨幣（特別是所謂的「首次代幣發行」和加密貨幣交易，這是他們第一次募資或交易的方式）。金融監管當局的其中一種可能措施，就是將

加密資產定義為「證券」代幣或「功能」代幣，瑞士已開始討論相關立法措施。如果加密資產定義為「證券」代幣，特別是創業資本，就要符合現有證券法規的規範。至於更務實的執行方法，為了對抗洗錢和金融恐怖主義，加密貨幣必須和現有貨幣接受同樣的法規管制。加密貨幣交易和儲存服務單位也要盡可能回報可疑交易，甚至實行特定程度的消費者規範。[3] 稅務單位應該盡速更新加密資產的稅務條例並具體執行，措施包括提高稅金，區塊鏈數據庫也有提昇稅務效率的潛能。英格蘭銀行應發行自己的「官方」加密貨幣，讓各家商店能夠使用迅速便利的付款方式，同時接受法律規範。

▎建立未來政府

　　本書提到的科技發展或許正在損害民主，但它們也提供令人振奮的契機，可以改善政府運作的方式。我們需要勇敢的改革計畫，提高民主運作速度。首先，善用數據和人工智能，重新調整政府部門，創造更好且更有效率的決策。智慧型測量方法可以節省民眾的能源開銷，準確定位社會福利費用的支付者，更有效地分配警力資源——這些措施的前提是大眾參與且符合社會倫理精神。同樣的道理，強而有力的人工智能用於公共福祉，也能夠在健康研究、社會支出決策、

情報、戰略和更多領域，獲得非常重要的成果。除此之外，區塊鏈等科技得以徹底改變民眾要求政府負責的方式。中央政府和地方政府應該開創更多區塊鏈的使用方法，改善民主功能。舉例而言，我們習慣政府在選舉期間提出各種社會支出承諾，但選後總是無法兌現。以區塊鏈為基礎，建立監督政府和契約檢閱，協助我們觀察政治人物的承諾和實際作為，例如，改變社會大眾追查政府如何使用稅金的方法。英國政府也應該思考區塊鏈的身分認證系統，例如土地擁有權、健康紀錄或護照，能否改善公民數據安全和使用效率，而且無須增加政府權力。[4] 更重要的是，政府必須成為更刺激有趣的工作選擇。對才華洋溢的年輕畢業生而言，谷歌或臉書是更有吸引力的職業選擇。政府的文化、甚至薪資，必須吸引最傑出的程式設計師和科技專家，否則公部門單位永遠無法跟上科技發展。

　　依照同樣的思維脈絡，現在有許多令人耳目一新的方法，可以讓民眾更深入參與政治決策，包括安全線上投票，我們必須探索並慎重規劃。每個星期投票決定所有事務，也就是所謂的數位直接民主，是非常可怕的想法，只會惡化我在本書探討的種種問題。但是，我們仍然有許多方法，能讓民主政治的過程，更符合現代社會的預期與科技發展，其中

一個好例子就是改善投票：每一次選舉，我們可以邀請公民替政黨或政策評分，提供更能理解公民關注的新指標。

　　上述建議是保護民主政治不受科技發展傷害的方法。激烈的科技發展可以讓我們獲得能力、自由和富裕生活，但唯有科技臣服於健全的民主系統，讓民主社會得到足夠的權威和行動能力，才能同時向人民與公共福祉負責。當我們被iPhone 和虛擬實境裝置圍繞，很容易就會忘了如果民主社會接納強力科技，依照公共福祉進行改革時，能創造何種成就。

　　1969 年 7 月，美國的私人企業著迷於行銷彩色電視，讓民眾看見人類史上首次踏上月球，也必須感謝政府科學家、政府研究部門，以及社會大眾的資助。三個月之後，雖然不如登陸月球響亮，但另外一群由政府資助的研究團隊，專注開發電腦分享計畫，從加州大學洛杉磯分校（UCLA）的 Sigma 7 電腦將訊息傳遞給史丹佛研究中心（Stanford Research Institute）的 SDS 940 電腦。這是人類歷史上第一次讓兩臺位於不同地區的電腦進行遠程訊息傳遞，高等研究計畫署網路（ARPANET；通稱阿帕網）誕生了。十年之後，經過數次調整，政府的研究計畫也改名了，成為我們熟知的「網際網路」。

致謝

　　在漫長的感謝名單中，我第一位要感謝的人是 Ebury，其專業天賦以及對本書的信念，就是各位讀者能夠閱讀此書的主因。我的編輯 Andrew Goodfellow 用難以衡量的方式改善本書，Clare Bullock、Michelle Warner、Joanna Bennett、Clarissa Pabi 和 Caroline Bulter 都是非常愉快的合作對象。我也要感謝校對編輯 Nick Humphrey，以及校對夥伴 Katherine Ailes，更要特別感謝我的經紀人 Caroline Michel 和聰明的 PFD 工作同仁──沒有他們，我將一事無成。

　　我也虧欠迪蒙斯的所有同仁，他們持續忍受我的缺席（特別是 Carl、Alex 和 Josh）。我的朋友、家人以及專家學者，他們閱讀本書，提供珍貴的回饋，包括 AKJ、Jon Birdwell、Tom Chatfield、Bob Greifinger、Alan Lockey、Polly Mackenzie、Martin Moore、Rick Muir、Simon Parker、Jack Rampling、Jeremy Reffin、Leo Sands、Thom

Townsend，以及 Alex Whitcroft。我也要感謝其他作者和我一起分享彼此的作品草稿，非常有效提昇我的作品水準。我還有一位傑出的研究同仁，他的努力和奉獻更勝於我，他是 Christopher Lambin，謝謝你。我也要感謝 Alice Reffin，她提供我許多非常有用的協助。

　　本書中許多訪談在英國廣播公司製作電視節目《矽谷的祕密》（共兩集）的過程中進行，感謝同意參與的受訪者，以及和我合作的傑出團隊，特別是 Ammar、Jack，兩位 Jamie、Kerianna、Mike、Sam、Seb 和 Tristan。

　　最後，我要感謝 Catrin，沒有她，這個研究計畫只會留在我的腦海某處，從開始到結束，她時時刻刻都支持著我。

參考資料

第一章

1. Will Davies, *The Happiness Industry* (2015) 對於心理學的早期發展提供相當好的綜合描述。

2. John Lanchaster 'You are the product', *London Review of Books*, 17 August 2017.

3. Elizabeth Stinson, 'Stop the Endless Scroll. Delete Social Media From Your Phone', ww.wired.com, 1 October 2017.

4. Adam Alter, *Irresistible* (2017)

5. Matt Ritchtel, 'Are Teenagers Replacing Drugs With Smartphones?', *New York Times*, 13 March 2017

6. Adam Alter, *Irresistible*

7. Tristan Harris, 'How Technology is Hijacking Your Mind – from a Magician and Google Design Ethicist', www. thriveglobal.com, 18 May 2016

8. Robert Gehl, 'A History of Like', https://thenewinquiry. com, 27 March 2013

9. Kathy Chan, 'I like this', www.facebook.com, 10 February 2009.

10. Tom Huddleston Jnr, 'Sean Parker Wonders What Facebook Is 'Doing to Our Children's Brains', www. fortune.com, 9 November 2017.

11. Natasha Singer, 'Mapping, and Sharing, the Consumer Genome', *The New York Times*, 16 June 2012.

12. Michal Kosinski, David Stillwella, and Thore Graepelb 'Private

traits and attributes are predictable from digital records of human behaviour', April 2013 *PNAS*, 110 (15) 5802–5805

13. Sam Levin, 'Facebook told advertisers it can identify teens feeling "insecure" and "worthless"', *Guardian*, 1 May 2017

14. Dave Birch, 'Where are the customer's bots?', www.medium.com, 30 December 2017.

15. 針對這個議題，Evgeny Morozov 在 2013 年的作品已有長篇討論，請參考 *To Save Everything, Click Here*. (Allen Lane 2013)

16. Angela Nagel, *Kill All Normies* (2017), Zero Books

17. 'The outstanding truth about artificial intelligence supporting disaster relief', www.ifrc.org; Franklin Wolfe, 28 November 2016;

    Franlin Wolfe, 'How Artificial Intelligence Will Revolutionize the Energy Industry', www.harvard.edu, 28 August 2017.

    Alex Brokaw, 'This startup uses machine learning and satellite imagery to predict crop yields', www.thev-erge.com, 4 August 2016;

    Maria Araujo and Daniel Davila, 'Machine learning improves oil and gas monitoring', www.talkingiotinenergy.com, 9 June 2017.

18. Cathy O'Neil, *Weapons of Maths Destruction* (2016), Penguin Books. 歐尼爾也經營一個非常完美的部落格，詳細討論相似的例子，請見 www.mathbabe.org

第二章

1. Marshall McLuhan, *The Gutenberg Galaxy: The Making of Typographic Man* (1962).

2. Eric Norden 'The Playboy Interview: Marshall McLuhan',

Playboy, March 1969.

3. James Madison, 'Federalist No. 10 – The Utility of the Union as a Safeguard Against Domestic Faction and Insurrection' 23 Novenber 1787

4. Thomas Hawk, 'How to unleash the wisdom of crowds', www. theconversation.com, 9 February 2016.

5. 關於這個議題，請讀者參考以下幾位作者的作品：Zeynep Tuckefi、Eli Pariser，以及 Evgeny Morozov；「後真相」則參閱 Matthew D'Ancona、James Ball 以及 Evan Davies 的書籍。

6. Bruce Drake, 'Six new findings about Millennials' 7 March 2014, www.pewresearch.org. 一份調查研究重複地發現，比起他們的父母，千禧世代出生的人，他們正式參與組織的情況更少，更為政治獨立，但確實「連結」至個人化的人際網絡。

7. Daniel Kahneman, *Thinking Fast and Slow* (2011), Penguin.

   S. Messing and S.J Westwood (2014). 'Selective exposure in the age of social media: Endorsements trump partisan source affiliation when selecting news online'. *Communication Research*, 41(8), pp.1042–1063.

   E. Bakshy, S. Messing and L.A. Adamic (2015) 'Exposure to ideologically diverse news and opinion on Facebook', *Science*, 348(6239), pp.1130–1132

8. Jonathan Taplin, *Move Fast and Break Things* (2017), Macmillan.

9. Lee Drutman, 'We need political parties. But their rabid partisanship could destroy American democracy', www.vox.com, 5 September 2017.

10. Joel Busher, 'Understanding the English Defence League: living on the front line of a 'clash of civilisations' 2 December 2017,

www.blogs.lse.ac.uk. Also see *Responding to Populist Rhetoric: A Guide* (2015), Counterpoint.

11. Joel Busher, (2015) *The Making of Anti-Muslim Protest: Grassroots Activism in the English Defence League* (Routledge)

12. Dratman, We need political parties.

13. Kate Forrester, 'New Poll Reveals Generations Prepared To Sell Each Other Out Over Brexit It's all going so well', www.huffingtonpost.com,12 April 2017.

14. Jonathan Freedland, 'Post-truth politicians such as Donald Trump and Boris Johnson are no laughing matter', *Guardian*, 13 May 2016.

    Miriam Valverde, 'Pants on Fire! Trump says Clinton would let 650 million people into the U.S', 31 October, 2016 www.politfact.com 選舉投票數據來自 www.realclearpolitics.com。

15. Nyhan, B., & Reifler, J. (2010). 'When corrections fail: The persistence of political misperceptions', *Political Behavior*, 32(2), 303–330.

16. Dolores Albarracin et al, 'Debunking: A Meta-Analysis of the Psychological Efficacy of Messages Countering Misinformation', *Psychological Science*, 28（11）1531-1546.

17. Paul Lewis, 'Fiction is outperforming reality': how YouTube's algorithm distorts truth', *Guardian*, 2 February 2018.

18. Nicholas Confessore, 'For Whites Sensing Decline, Donald Trump Unleashes Words of Resistance', *New York Times*, 13 July 2016,

19. Southern Poverty Law Centre, 'Richard Spencer' https://www.splcenter.org; Confessore, 'For Whites Sensing Decline', John

Slides, 'Resentful white people propelled Trump to the White House – and he is rewarding their loyalty', Washington Post, 3 August 2017.

20. *Intimidation in Public Life*, Committee on Standards in Public Life, 2017.

第三章

1. Joshua Green and Sasha Issenberg, 'Inside-the-Trump-Bunker-with-days-to-go, www.bloomberg.com, 17 October 2016.

2. Theresa Hong, 'Project Alamo-How-I-Crossed-the-Line-in-the-Sand ,medium.com /@alamocitychick , 29 March 2017

3. Ian Schwartz, 'Trump Digital Director Brad Parscale Explains Data That Led To Victory on "Kelly File', www. realclearpolitics. corn, 16 November 2016.
   Theresa Hong, 'How Trump's Digital Team Broke the Mold in 2016', wwwanycampaigncoach.com/, 3 August 2017.

4. Hong, 'Project Alamo', ibid.

5. Hong, 'How Trump's Digital Team Broke the Mold in 2016', www.mycampaigncoach.com/, 3 August 2017.
   Issie Lapowsky, 'What did Cambridge Analytica Really do for Trump' Campaign', www.wired.com, 26 October 2017.

6. Jody Avirgan, 'A History Of Data In American Politics (Part 1): William Jennings Bryan To Barack Obama', www. fivethirtyeight. com/, 14 January 2016.

7. Frederike Kaltheuner, 'Cambridge Analytica Explained:Data and Elections', www.medium.com/privacy-in terna-tional, 13 April 2017

8. Nick Allen, 'How Hillary Clinton's digital strategy helped lead to her election defeat', www.telegraph.co.uk, 9 January 2017.
    Ashley Codianni, 'Inside Hillary Clinton's Digital Operation', www.edition.cnn.com, 25 August 2015.
    Shane Goldmacher, 'Hillary Clinton's "Invisible Guiding Hand—, www.politico.com, 7 September 2016.
9. James Swift, 'Interview / Alexander Nix', www.conta-gious.com, 28 September 2016.
10. 'With up to 5,000 data points on over 230 million American voters, we build your custom target audience, then use this crucial information to engage, persuade, and motivate them to act' https://ca-political.com/ca-advantage
11. Joshua Green and Sasha Issenberg, ibid.
12. Sue Halpern, *'How He Used Facebook to Win'*, *New York Review of Books*, 8 June 2017
13. How Facebook ads helped elect Trump', www.cbsnews.corn, 6 October 2017.
14. Robert Peston, 'Politics is now a digital arms race, and Labour is winning', *Spectator*, 18 November 2017.
15. Carole Cadwalladr, 'British courts may unlock secrets of how Trump campaign profiled US voters', www.theguardian.com, 1 October 2017.
    Data Protection Act 1998, http://www.legislation.gov.uk/ukpga/1998/29/contents
16. Jim Waterson, 'Here's How Labour Ran An Under-The-Radar Dark Ads Campaign During The General Election',www. buzzfeed.com, 6 June 2017.

17. Ibid.

18. Heather Stewart, 'Labour takes to the streets and social media to reach voters', ww.theguardian.com, 21 April 2017

19. Cited in Taplin. *Move Fast and Break Things*

20. Goodman, E., Labo S., Moore, M., & Tambini, D. (2017). The new political campaigning. Media Policy Brief 19. London: Media Policy Project, London School of Economics and Political Science. 臉書公司對此非常自豪，他們宣稱在英國國會選舉的關鍵席次中，臉書觸及 80% 的選民。「使用臉書的精準投遞工具，保守黨在關鍵席次觸及 80.65% 的使用者，保守黨的廣告影像收看次數高達 350 萬次，86.9% 的廣告都符合地方脈絡—所有重要的資訊都獲得一位政界朋友的背書。」請參考。

Nina Burleigh, 'How Big Date Mines Personal Info to Craft Fake News and Manipulate Voters', www.news-week.com, 6 August 2017

類似受眾是臉書最重要的服務之一，廣告商向臉書提供希望尋找的支持者，臉書會藉此進行演算，找出相似的團體，進行精準廣告投遞。

21. Helen Lewis, 'How Jeremy Corbyn won Facebook', www.newstatesman.com, 20 July 2016.

22. J. Baldwin-Philippi (2017), The myths of data-driven campaigning', *Political Communication*, 34(4), 627-633.

23. Tamsin Shaw, 'Invisible Manipulators of Your Mind', *New Fork Review of Books*, 20 April 2017.

24. Francis Fukuyama, *Political Order and Political Decay*, (Profile, 2014).

25. Carole Cadwalladr, 'Vote Leave donations: the dark ads, the

mystery "letter" – and Brexit's online guru', www. theguardian. com, 25 November 2017.

26. Tom Hamburger, 'Cruz campaign credits psychological data and analytics for its rising success', www.washing-tonpost.com, 13 December 2015

27. Matea Gold and Frances Stead Sellers, 'After working for Trump's campaign, British data firm eyes new U.S. government contracts', www.washingtonpost.com, 17 February 2017

28. Carole Cadwalladr, 'I made Steve Bannon's psychological warefare tool', Observer, 18 March 2018.

29. Nina Burleigh, ibid.

30. Lucy Handley, 'Personalized TV commercials are coming to a screen near you; US marketers to spend $3 billion on targeted ads', www.cnbc.com, 15 August 2017.

31. E. Goodman, S. Labo, M. Moore and D. Tambini, ibid

32. Vyacheslav Poonski, 'How artificial intelligence silently took over democracy', www.weforum.org, 9 August 2017.

33. Jonathan Albright, 'Who Hacked the Election? Ad Tech did. Through "Fake News," Identity Resolution and Hyper-Personalization', www.medium.com/tow-center/,Si July 2017.

34. Nicholas Thompson and Fred Vogelstein, 'Inside the two years that shook Facebook — and the world', Wired, 12 February 2018. 'How Facebook ads helped elect Trump', www. cbsnews.com, 6 October 2017

35. Esquire Editors, 'The Untold Stories of Election Day 2016', www.esquire.com, 6 November 2017.

36. Brian Stelter, 'In their own words: The story of covering Election

Night 2016', www.money.cnn.com, .5 January 2017.

37. Ben Schreckinger, 'Inside Donald Trump's Election Night War Room', www.gq.com, 7 November 2017.

38. Gregory Krieg, 'The day that changed everything: Election 2016, as it happened', www.edition.cnn.com, 8 November 2017.

39. Stelter, ibid.

40. Esquire Editors, ibid.

41. 'How Facebook ads helped elect Trump' October 06 2017, www.cbsnews.com, 6 October 2017

42. Steven Bertoni, 'Exclusive Interview: How Jared Kushner Won Trump The White House', www.forbes.com, 22 November 2016.

43. Matea Gold and Frances Stead Sellers, ibid.

44. Richard Hofstadter, The Paranoid Style in American Politics', www.harpers.org, November 1964

第四章

1. Frank Levy & Richard Murnane, *The New Division of Labour* (Princeton, 2004)

2. 神經網路非常複雜，難以理解，另外一種思考深度學習的方式，則是想像人工智能機器獲得數據之後，自行理解運作原則。舉例而言，讓機器觀看狗的圖片，人工智能就能慢慢理解如何區分狗。人工智能機器的運作方法無法完全解析。

3. Cited in Robert Peston, WTF (Hodder & Staunton, 2017), p215. 亞當·斯密在 18 世紀時已於《國富論》（*The Wealth of Nations*）中已經預測，機器可以「讓一個人完成許多人的工作」，進而提升生產力和利潤，這個現象讓刺激更多勞動需求，因為雇主聘請更多人，建立更多工廠。喬治·格拉堤茲（Georg Graetz）

和蓋・麥可斯（Guy Michaels）的研究結果也發現，1996 年至 2012 年間，在大多數的已開發國家，生產勞力就業機會下降，在投資機器生產最多的地區，下降的情況愈嚴重。

4. 'Automation and anxiety', *The Economist*, 25 June 2016

5. 未來學家馬丁・福特（Martin Ford）曾經《被科技威脅的未來》（*Rise of the Robots*）一書獲獎，他預測十年之內還不會發生這個情況。

6. *Stick Shift*, March 2017, Centre for Global Policy Solutions

7. Mark Fahey, 'Driverless cars will kill the most jobs in select US states', www.cnbc.com, 2 September 2016

8. 'Real wages have been falling for longest period for at least 50 years, ONS says', *Guardian*, 31 January 2014; 'The World's 8 Richest Men Are Now as Wealthy as Half the World's Population', www.fortune.com, 16 January 2017.

9. David Madland, 'Growth and the Middle Class' Spring 2011, *Democracy Journal*, 20.

10. Richard Wilkinson & Kate Pickett, *The Spirit Level* (Penguin, 2009).

11. Wilkinson & Pickett, *The Spirit Level*, p272-273

12. Fukuyama, *Political Order and Political Decay*

13. Nicholas Carr, *The Glass Cage* (Bodley Head, 2015)

第五章

1. 道格拉斯・羅許柯夫（Douglas Rushkoff）就是其中一位，他在最近的書籍《向 Google 巴士丟石頭》（*Throwing Rocks and Google Bus*）中，為了自己過往的作為而致歉。

2. 海爾・韋瑞安（Hal Varian）成為谷歌首席經濟分析家之前，

曾經寫了《資訊經營法則》（*Information Rules*）一書，妥善摘要這個現象：「正面的回應讓強者恆強，弱者恆弱，導致極度的收入不平等。」

3. 數據取自 Neilsen SoundScan，轉引自《向 Google 巴士丟石頭》。

4. 'Google heads queue to lobby Brussels' *Financial Times*. Tony Romm, 'Apple, Amazon and Google spent record sums to lobby Trump earlier this summer', www.recode.net, 21 July 2017。 讀者也能從相關網頁找到數據。2015 年，微軟花費 450 萬歐元進行遊說一能源大廠殼牌（Shell）和 ExxonMobil 的遊說支出也相近。谷歌的遊說支出從 2011 年的 60 萬歐元提高為 2015 年的 350 萬歐元。科技巨人谷歌也在 2015 上半年和 29 位資深官員見面一這個數字超過其他公司。2017 年，谷歌的遊說支出提高為 420 萬美元。2014 年至 2017 年間，谷歌的遊說支出增加 240%，臉書在 2016 年至 2017 年間的遊說支出增加一倍，將近百萬歐元。兩間公司都符合歐洲委員會認定的十大影響力組織（以高等級遊說次數作為評量標準）。谷歌幾乎和所有投資領域的代表見面，包括農業和人道援助。優步從 2015 年起，遊說費用提高將近 7 倍，但一開始的金額很低。讀者也可以參考 Andrew Keen, *How to Fix the Future*, (Atlantic, 2018), p69.

5. Hamza Shaban 'Google for the first time outspent every other company to lobby Washington in 2017', *Washington Post*, 23 January 2018

6. Matt Burgess, 'Google's DeepMind trains AI to cut its energy bills by 40%' www.wired.com, 20 July 2016.

7. Synced, 'Tech Giants Are Gobbling Up AI Startups', www. medium.com, 4 January 2017; Matthew Lynley, 'Google confirms

its acquisition of data science community Kaggle', www. techcrunch.com, 8 March 2017.

8. 'Does Amazon Present an Anti-Trust problem?' *Financial Times Podcast*, September 2017.

9. Farhad Manjoo, 'Google not the government is building the tech of the future', *New York Times*, 17 May 2017. 根據財報，收入最好的五間公司（亞馬遜、蘋果、臉書、谷歌和微軟）在 2017 年支付超過 600 億美元進行研究——與美國聯邦政府的研發費用大約相同。

10. 傑佛遜（Jefferson）特別希望在基礎人權法案中加入「限制壟斷」，但漢彌爾頓（Hamilton）代表紐約的富裕階級，對此表達抗議，最後由漢彌爾頓派系獲勝。美國前總統羅斯福在第一次任期時曾經援引 1890 年代的休曼反壟斷法案，阻止洛克斐勒標準石油公司的壟斷行為。他希望確保大型壟斷公司可以受到公共福祉的限制。他特別擔心「有錢有勢的人，就是希望能夠保持並且增加自己的權力。」也請讀者參考 John Lanchaster, 'You are the product', *London Review of Books*. Franking Foer, *World Without Mind*, p191 (Jonathan Cape).

11. Foer, *World Without Minds*, p 114

12. 你可以在 www.change.org 網站找到「Save Your Uber」請願案。

13. 讀者可以在優步公司的網站找到他們的隱私政策，請參考 https://privacy.uber.com/policy

14. 讀者可以在 www.web.archive.org 找到存檔資料，搜尋 www.google.com，選擇 2012 年 1 月 18 日。

15. Biz Carson, 'Airbnb just pulled out a clever trick to fight a proposed law in San Francisco', www.uk.businessinsider.com, 7 October 2015; Shane Hickey and Franki Cookney, 'Airbnb faces

worldwide opposition. It plans a movement to rise up in its defence', *Observer*, 29 October 2016. ; Heather Kelly, 'Airbnb wants to turn hosts into 'grass¬roots' activists', www.cnn.com, 4 November 2015.

16. 2015 年開始，臉書是全球最大流量的媒體網站。有些出版商，特別是小型的地方出版商，將一切資源透入臉書，如果臉書改變演算法，他們就會銷聲匿跡。2017 年 10 月，瓜地馬拉和斯洛伐克的記者擔心臉書的新聞來源會激烈改變當地政治生態。臉書在數個國家進行實驗，將專業媒體移出主要新聞來源，放入二流的「新聞瀏覽」來源。一位瓜地馬拉的記者表示，他們的新聞瀏覽次數一夜減少 66%。同樣的，谷歌也曾經修改演算法，據說是為了確認假新聞可以減少瀏覽，這個舉動也同樣沉重打擊對抗白人優越主義的 Alternet 新聞網，他們的流量一夜之間減少 40%

17. Steven Levy, 'Mark Zuckerberg on Facebook's Future, From Virtual Reality to Anonymity', Wired, April 2014.

18. Andrew Wilson, 'The Ideas Industry', www.thinkthe ology.co.uk, 16 August 2017.

19. 讀者也可以從 http://googletransparencyproject.org 網站找到相關資料。無數的案例可以證明與私人公司進行合作和資助，能夠裨益學術研究發展和造福學生，根據臉書透明計畫，330 個接受資助的研究計畫與谷歌的營運和收益有直接關係，主題包括反壟斷、隱私權、數據安全、網路中立和權──54% 獲得部分補助，或者與谷歌資助成立的學術研究機構有關。在大多數的案例中，谷歌資助對自己立場有利的研究（通常會在政府或立法決策影響谷歌運作時出版研究結果）。2017 年，新美國基金會思想智庫（New America Foundation think tank）的研究人

員巴瑞‧林恩（Barry Lynn）讚揚歐洲委員會對谷歌的反競爭行為進行鉅額罰款。但是，新美國基金會多年來從谷歌接受2,100萬美元的資助，基金會執行長安‧瑪利亞‧史拉特（Anne Marie Slaughter）告訴林恩先生，他的行為「有害基金會運作」，強迫他離職。谷歌當然否認自己迫使林恩先生離職。

第六章

1. 從羅馬帝國時代開始，直到1970年代，加密的基礎都是「單一鑰匙」模式，也就是用同一組密碼邏輯加密和解鎖訊息。現代電腦運算能力讓加密技術變得更強，但基礎原則依然相同：如果你希望和某人祕密溝通，就必須把密碼交給他們——也就回到最一開始的問題，你無法相信自己的通訊內容能夠保持隱私。兩位麻省理工學院的數學家，惠特菲爾德‧迪菲（Whitfield Diffie）和馬丁‧赫爾曼（Martin Hellman）在1976年提出「公開金鑰加密」系統解決了這個問題。每位使用者都會取得自己獨特加密系統的兩組「金鑰」，兩組彼此不同，但在數學上有關連，其基礎是共享質數。這套系統的數學原理很複雜，但基礎概念非常簡單，你可以把「公開」金鑰交給任何人，他們藉此加密訊息，成為無意義的雜亂訊息，只有你的私人金鑰可以解開內容。公開金鑰是從私人金鑰進行相反的數學演算，即使全球最好的電腦，也要花費數年才能解開。這是革命性的加密技術。公開金鑰可以廣泛流傳，沒有安全性疑慮，但是私人金鑰必須保持隱私。基於某種複雜的數學原理，公開金鑰和私人金鑰加密的訊息，可以用彼此解開。根據卓越的數學家大衛‧卡恩（David Kahn）的說法，公開金鑰加密是「文藝復興以來……加密技術領域最重要的新觀念。」

2. Roman Mars, 'Barbed Wire's Dark, Deadly History' March 25

2015, www.gizmodo.com

3. 堤摩西・梅在 *Cyphernomicon* 文件中提出一個解釋：「我發現一個單純的計算方法，使用馬修・吉歐（Matthew Ghio）提出的『玩具數字』（toy numbers）觀念。『首先，挑選兩個質數，例如 5 和 7，兩者相乘等於 35。現在計算兩者各自減 1 之後的相乘結果，再加上 1。也就是 (5-1) (7-1)+1，答案是 21（梅的原文如此；答案應該是 25），我們可以從中建立一個數學關係，$x = x^{21} \ mod \ 35$，答案只有 0 到 35 當中的任何數字，分解 21 之後可得 3 和 7，挑選其中一個數字作為私人金鑰，另一個數字就是公開金鑰。所以你的公開金鑰是 3，私人金鑰是 7。某個人將純文字訊息 *m* 加密，創造加密訊息 $c:c = m^3 \ mod \ 35$。你使用私人金鑰（$m = c^7 \ mod \ 35$），發現加密訊息 *c* 就是 *m*。如果數字高達數百位數（例如 PGP 加密程式），幾乎不可能猜出金鑰。」（他的算式其實錯了。我採訪他時，梅表示 *Cyphernomicon* 當時只是草稿，雖然他很謹慎，但也沒有辦法檢查其中有沒有錯誤。）

4. 薩博在 *Attack of the 50 Foot Blockchain* 中曾經解釋自己鑽研法律，而且採用非常謹慎的方式處理這個議題，與其他人不同。

5. Kelly Murnane, 'Ransomware as a Service Being Offered for \$39 on the Dark Net', www.forbes.com, 15 July 2016.

6. *Attack of the 50 Foot Blockchain* 對這個議題提供了絕佳討論。

7. Annie Nova, 'Wild west' days are over for cryptocurrencies, as IRS steps up enforcement', www.cnbc.com, 17 January 2018

8. A Simple Guide to Safely and Effectively Tumbling (Mixing) Bitcoin', https://darknetmarkets.org, 10 July 2015;'Can the taxman identify owners of cryptocurrencies?'www.nomoretax.eu, 7 September 2017.

9.　美國國家稅務局正在追查 Coinbase，要求他們提供 14,000 筆大型交易的內容；也請讀者參考 Robert Wood, 'Bitcoin Tax Troubles Get More Worrisome', www.forbes.com, 4 December 2017.

10. Amanda Taub 'How Stable Are Democracies? 'Warning Signs Are Flashing Red', www.nytimes.com, 29 November 2016; 還有許多相似的調查得到同樣的結論，請參考 Yascha Mounk 'Yes, people really are turning away from democracy', www.washingtonpost.com, 8 December 2016; Foa, R. S., & Mounk, Y. (2016). The democratic disconnect. *Journal of Democracy*, 27(3), 5–17.

結論

1.　Bruce Drake, '6 New Findings about Millennials, www.pewresearch.org, 7 March 2014

2.　David Runciman, 'How Democracy Ends' (a 2017 lecture)

3.　Rachel Botsman, 'Big data meets Big Brother as China moves to rate its citizens', *Wired*, 21 October 2017

結語

1.　Goodman, et al The new political campaigning.

2.　Keen, *How to Fix The Future*, p32.

3.　Robert Mendick, 'Treasury crackdown on Bitcoin over concerns it is used to launder money and dodge tax', www.telegraph.co.uk, 3 December 2017; Felicity Hannah, 'Bitcoin: Criminal, profitable, or bubble?', www.independent.co.uk, 11 December 11 2017.

4.　關於這個議題，我推薦讀者閱讀大衛‧博許（David Birch）的完美作品 *Identity is the New Money*.

人類的明日之戰

The People Vs Tech: How the internet is killing democracy (and how we save it)

作　　　者　傑米・巴特利特 Jamie Bartlett
譯　　　者　林曉欽
主　　　編　林玟萱

總 編 輯　李映慧
執 行 長　陳旭華（ymal@ms14.hinet.net）

社　　　長　郭重興
發行人兼
出版總監　曾大福
出　　　版　大牌出版 / 遠足文化事業股份有限公司
發　　　行　遠足文化事業股份有限公司
地　　　址　23141 新北市新店區民權路 108-2 號 9 樓
電　　　話　+886- 2- 2218-1417
傳　　　真　+886- 2- 8667-1851

印務經理　黃禮賢
封面設計　萬勝安
排　　　版　新鑫電腦排版工作室
印　　　製　成陽印刷股份有限公司
法律顧問　華洋法律事務所　蘇文生律師

定　　　價　380 元
初　　　版　2020 年 06 月
有著作權　侵害必究（缺頁或破損請寄回更換）
本書僅代表作者言論，不代表本公司／出版集團之立場與意見

國家圖書館出版品預行編目資料

人類的明日之戰 / 傑米・巴特利特 著；林曉欽 譯 . --
　　初版 . -- 新北市：大牌出版；遠足文化發行, 2020.06
　　　　面；　公分
　　譯自：The People Vs Tech : How the internet is killing democracy (and
　　　　how we save it)
　　ISBN 978-986-5511-23-4（平裝）

　　1. 民主政治　2. 數位科技　3. 國際網絡　4. 社會發展

571.6　　　　　　　　　　　　　　　　　　　　　109006424